JN124504

本書の特色と使い方

この本は，国語の読解問題を集中的に学習できる画期的な問題集です。苦手な人も，さらに力をのばしたい人も，1日1単元ずつ学習すれば30日間でマスターできます。

①「パターン別」と「ジャンル別」トレーニングで読解力を強化する

「指示語」や「接続語」などを問うパターン別問題に取り組んだあとは，物語，説明文などのジャンル別問題にチャレンジします。さまざまな問題に慣れることで，確かな読解力が身につきます。

② 反復トレーニングで確実に力をつける

数単元ごとに習熟度《しゅうじゅくど》確認《かくにん》のための「**まとめテスト**」を設けています。解けない問題があれば，前の単元にもどって復習しましょう。

③ 自分のレベルに合った学習が可能な進級式

学年とは別の級別構成（12級〜1級）になっています。「**進級テスト**」で実力を判定《はんてい》し，選んだ級が難《むずか》しいと感じた人は前の級にもどり，力のある人はどんどん上の級にチャレンジしましょう。

④ 巻末《かんまつ》の「解答」で解き方をくわしく解説

問題を解き終わったら，巻末の「**解答**」で答え合わせをしましょう。「**考え方**」で，特に重要なことがらは「**チェックポイント**」にまとめてあるので，十分に理解しながら学習を進めることができます。

もくじ

読解力 2級

1日 言葉の意味……2
2日 指示語・接続語をおさえる……4
3日 まとめテスト (1)……6
4日 心情を読み取る……8
5日 心情の移り変わりをつかむ……10
6日 原因・理由をおさえる……12
7日 まとめテスト (2)……14
8日 段落の構成をつかむ……16
9日 主題を読み取る……18
10日 結論をつかむ……20
11日 要点をまとめる……22
12日 まとめテスト (3)……24
13日 物語を読む (1)……26
14日 物語を読む (2)……28
15日 物語を読む (3)……30
16日 物語を読む (4)……32
17日 随筆を読む (1)……34
18日 随筆を読む (2)……36
19日 まとめテスト (4)……38
20日 説明文・論説文を読む (1)……40
21日 説明文・論説文を読む (2)……42
22日 説明文・論説文を読む (3)……44
23日 説明文・論説文を読む (4)……46
24日 まとめテスト (5)……48
25日 詩を読む (1)……50
26日 詩を読む (2)……52
27日 短歌・俳句を読む (1)……54
28日 短歌・俳句を読む (2)……56
29日 古典を読む……58
30日 まとめテスト (6)……60
進級テスト……62
解　答……65〜80

本書に関する最新情報は，当社ホームページにある本書の「サポート情報」をご覧ください。（開設していない場合もございます。）

1日 言葉の意味

月　日

1 **次の文章を読んで、あとの問いに答えなさい。**

　自分を取り巻《ま》く生活圏《けん》の周囲の人々を、「世間」とか「世間様」、あるいは単に「人」と呼《よ》んで、他人の意味に使用する。「人」といっても一人か大勢かは特に問わないのが日本語である。単数・複数を区別しない。そこで、その周りの人間を特に意識して、「人の顰蹙《ひんしゅく》を買う」*「人聞きが悪い」と他人の目や耳を気にし、ことわざ「人の口に戸は立てられない」「人の噂《うわさ》も［①］日」と半ばあきらめ、噂の静まるのを待つ。他人がどのようにこの「私《わたし》」を見るか、その心をわざわざ「人目」などという語で表《あら》わして、「人目にさらす」「さらされる」ことを嫌《きら》い、やれ「人目に余る」だの「人目が②うるさい」、あるいは「人目に立つ」「人目につく」と気にし、「人目をはばかる」事柄《ことがら》なら、逆に「③人目を盗《ぬす》む」態度へと進んでいく。これは「人聞き」や「人前」なども共通する発想で、外聞なら「人聞きが悪い」と気にし、目に付く行為《こうい》や状態なら「人前をはばかる」か「人目を忍《しの》ぶ」、あるいは「人前を繕《つくろ》う」ことでなんとか急場を切り抜《ぬ》けようとする。「人目」「人聞き」といい「人前」といい、いずれも他人に見られていることへの神経質なまでの意識

(1) ［①］にあてはまる漢数字を答えなさい。（　　）

(2) ——②「うるさい」の意味として最も適切なものを次から選び、記号で答えなさい。

ア 音量が大きい。　イ わずらわしい。
ウ 口やかましい。　エ わざとらしい。

（　　）

ヒント 何が「うるさい」のかに注意しよう。

(3) ——③「人目を盗む」とはどのような意味ですか。簡潔に答えなさい。

（　　　　　　　　）

(4) ——④「受動的」の対義語を三字で答えなさい。

□□□

↓解答は65ページ

で、極《きわ》めて④受動的な態度である。これも「世の中」「世間」対「己《おのれ》」の関係における受けの姿勢《しせい》、自分が周囲の人々の目を絶えず気にする受けの視点《してん》の現れだろう。

そこで、己を取り巻く周りの人々を「人を見たら泥棒《どろぼう》と思え」のように警戒《けいかい》することわざが生まれたり、反対に、「人を呪《のろ》わば穴《あな》二つ」で、他の者に害を与《あた》えれば、⑤わが身に返るといった＊一蓮托生《いちれんたくしょう》の思想も芽生えてくる。そして、「我《わ》が身をつねって人の痛《いた》さを知れ」とばかり他人の苦しみを思いやり、「人のふり見てわがふり直せ」「人の蝿《はえ》を追うより自分の頭の蝿を追え」と、⑥よその人の欠点を教訓として己の短所を改める、そうした戒《いまし》めの言葉も生まれてくるというものだ。そこで「人の事より我が事」と我が身を反省し、「人は人、我《われ》は我」で、とにかく己の信ずる道をひたすら進む気持ちともなってくる。

（森田良行《もりたよしゆき》「日本人の発想、日本語の表現」）

＊顰蹙を買う＝非常識な行いをして人からきらわれたり、ばかにされたりすること。

＊一蓮托生＝最後まで行動や運命をいっしょにすること。

(5) ⑤にあてはまる言葉として最も適切なものを次から選び、記号で答えなさい。

ア 因果応報　イ 利害得失

ウ 一念発起《いちねんほっき》　エ 粉骨砕身《ふんこつさいしん》

（　　）

ヒント 「他の者に害を与えれば」「わが身に返る」ということを表す四字熟語《じゅくご》を選ぼう。

(6) ――⑥「よその人の欠点を教訓として己の短所を改める」とありますが、これと似た意味の言葉として最も適切なものを次から選び、記号で答えなさい。

ア 蛇足《だそく》　イ 背水《はいすい》の陣《じん》

ウ 矛盾《むじゅん》　エ 他山の石

（　　）

(7) この文章には、どのような言葉の例が取り上げられていますか。次の□にあてはまる言葉を、文中からぬき出しなさい。

・周囲の人々を「人」と呼んで、□の意味に使用している言葉。

（　　）

1 次の文章を読んで、あとの問いに答えなさい。

一番古い時代からお話ししましょう。地球上の人口はごくわずかで、土地はかぎりなく広がっているのですから、サルと同じ先祖から進化した人間はどこに住んでもよかったはずです。①そのころの人類にとって〝最も良い土地〟とは、森と草地が混ざりあった地帯で、大きな河に近い台地ではなかったでしょうか。

人類のあるグループは、今のイラクの北部で、チグリス河とエウフラテス河の上流地帯に、そういう②「やさしい自然」を見つけました。緯度《いど》は日本の本州の東北地方に当たります。

森の中では、太陽の光は地面まで十分には届《とど》きませんから農業はできません。【ア】木を切り倒《たお》して畑をつくろうにも、石器を使っているのでは、時間がかかりすぎて不可能に近いでしょう。【イ】草地なら太陽の光をさんさんと浴びることができます。【ウ】野生の草食動物――ヒツジやヤギ、ブタなどもたくさん＊棲息《せいそく》していたようですから、それをつかまえて家畜《かちく》にすることもできたでしょう。③彼《かれ》らは十分に食糧《しょくりょう》を得たと思われます。【エ】

⬇解答は65ページ

(1) ――①「そのころ」とありますが、いつを指していますか。次の あ ・ い にあてはまる言葉を、文中からそれぞれぬき出しなさい。

・地球上の あ がごくわずかで、 い がかぎりなく広がっていた、一番古い時代。

あ（　　　　）　い（　　　　）

(2) ――②「やさしい自然」とありますが、どのような場所のことですか。文中から二十四字で探《さが》し、はじめとおわりの五字を答えなさい。

□□□□□ ～ □□□□□

ヒント 直前の「そういう」が指す内容をとらえよう。

(3) この文章からは、次の一文がぬけています。どこに入りますか。最も適切なところを【ア】～【エ】から選び、記号で答えなさい。

そのうえ、草原には野生のムギ類が生えており、それを栽《さい》

月　　日

④草地だけでは、調理をするにも寒さを防ぐにも必要な薪《まき》を得られません。森が近くにあったほうが、手軽に薪をとれるので好都合です。⑤その点でも、そのあたりは暮《く》らしやすいところです。また生きるためには何よりも水が必要です。⑥大きな河のほとりでは、いつ洪水《こうずい》が襲《おそ》ってくるかわかりません。河に近い台地に住むほうが安全です。

人口が増えたためかほかの部族が侵入《しんにゅう》してきたためか、そのグループはしだいに二つの河の中流に移ってきました。そして台地を下って河のほとりに耕地をつくるようになりました。人々は、河から用水を引いて畑に＊灌漑《かんがい》するという、新しい水利技術を覚えたのです。

しかし、そのころには、今のイラクのあたりの気候がしだいに変わってきていました。太陽の光は地球の赤道を最も強く照りつけますから、そこで暖《あたた》められて軽くなった空気は空高く昇《のぼ》ります。⑦、北極地帯の冷たくて重い大気は、その上昇《じょうしょう》気流の後を埋《う》めるように、赤道付近をめざして流れてきます。そして高空で冷やされた大気は北極に向かって降《お》りて行きます。地球の大気は、太陽光の放射《ほうしゃ》エネルギーを受けとって、そういうすばらしく大きな対流となって、ゆっくりと地球の周りを流れているのです。

（星野芳郎《ほしのよしろう》「技術と文明の歴史」）

＊棲息＝生物が住んで生活していること。
＊灌漑＝農作物のために川などから水を田畑に引き入れること。

培《ばい》したことでしょう。（　　）

ヒント 文のはじめに「そのうえ」とあることに注目しよう。

(4) ――③「彼ら」とありますが、だれのことですか。次の□にあてはまる言葉を、文中からぬき出しなさい。

・□に住んだグループ。（　　）

(5) ④・⑥に共通してあてはまる言葉として最も適切なものを次から選び、記号で答えなさい。

ア だから　イ しかし
ウ つまり　エ しかも　（　　）

(6) ――⑤「その点」とありますが、どういう点ですか。

（　　）

(7) ⑦にあてはまる言葉として最も適切なものを次から選び、記号で答えなさい。

ア 一方　イ なぜなら
ウ つまり　エ ところで　（　　）

3日 まとめテスト(1)

月　日

時間 20分 [はやい15分 おそい25分]
合格 80点
得点　　点

⬇解答は66ページ

1 次の文章を読んで、あとの問いに答えなさい。

相手をチラと見ただけで、あるいは、ひと言ふた言かわしただけで、体内の虫が拒否《きょひ》反応を示すと、その人間は「虫が好かない」ということになる。べつにはっきりとした理由があるわけではないのだが、何となく不愉快《ゆかい》になるのだ。その不愉快な気分をむりにがまんして①そんな相手とつきあっていると、体内の虫は怒《おこ》り出し、しまいには特別な液を放出する。それが「虫ず」である。「虫ず」というのは「虫酸《むしず》」もしくは「虫唾《むしず》」で、文字どおり虫が吐《は》く唾《つば》だ。その唾は胃酸のように酸《す》っぱい。それが腹のなかからこみあげて口のなかに出てくるのである。②「虫ずが走る」とはそのことだ。それは虫の発する合図、あるいは命令である。そうなったら、そうした相手とはそれ以上接することはできない。

しかし、虫の鋭《するど》い直観力というなら「虫の知らせ」という言葉が何よりそれをよく語っていよう。人間の意識には限界があり、人間の認識《にんしき》能力は限られている。［　③　］、時として、自分にもわからぬ不思議な直観力が働く場合がある。私《わたし》自身にもこんな経験があった。

(1) ——①「そんな相手」とありますが、どんな相手ですか。次の［　］にあてはまる言葉を、文中から三十五字で探《さが》し、はじめとおわりの五字を答えなさい。(15点)

・虫が好かない、つまり、［　］相手。

［　　　　　］～［　　　　　］

(2) ——②「虫ずが走る」の意味として最も適切なものを次から選び、記号で答えなさい。(15点)

ア 愉快でたまらない。　イ 不快でたまらない。
ウ とても体調がよい。　エ とても体調が悪い。

（　　）

(3) ［　③　］にあてはまる言葉として最も適切なものを次から選び、記号で答えなさい。(15点)

ア そのため　イ なぜなら
ウ あるいは　エ けれども

（　　）

ある夜、学校を出てから何十年も会わない友人の夢を見たのである。べつにそれほど親しかったわけではない。しかし記憶《きおく》のどこかに刻《きざ》まれていたのであろう。朝、目をさまして妙《みょう》な気がした。なぜそんな友人の夢を見たのか、動機がどうしてもつかめなかったからだ。

ところが、その日、電車に乗って何気なく前を見ると、夢に出てきた当の友人がなんと、向かい側の座席《ざせき》に座《すわ》っていたのだ！　このときほど仰天《ぎょうてん》したことはない。私は思わず、あっといった。

「いよう、珍《めずら》しいな、ずいぶん久しぶりだね、元気かい。いま何をしてるんだい」と、友人はびっくりして私にそういった。だが、私のおどろきは彼《かれ》に十倍していた。④偶然《ぐうぜん》というにはあまりに偶然すぎるからだ。私はそのとき自分の体内にいる「虫」をまざまざと感じたのである。昨夜の夢こそ、「虫の知らせ」ではなかったか！

このように、日本人の身体のどこかに虫が棲《す》んでいて、さまざまな働きをしているのであるが、その虫は人間の力ではどうにも＊統御《とうぎょ》できないので、できればそっとしておきたいと人びとは思っている。「虫が起きる」とたいへんなことになるからである。

（森本哲郎《もりもとてつろう》「日本語　表と裏《うら》」）

＊統御＝思い通りにあつかうこと。

(4) ――④「偶然」の対義語を漢字二字で答えなさい。(15点)

□□

(5) この文章で、筆者は「虫の知らせ」の例としてどのような体験を挙げていますか。次の□にあてはまる言葉を、文中からぬき出しなさい。(15点)

・ある日、学校から出て何十年も会わない友人に偶然会ったが、その前に、その友人の□こと。

（　　　　）

(6) この文章には、「虫」がつく慣用句が取り上げられていますが、その虫はどういうものだといえますか。「身体」「統御」という言葉を使って、四十字以内で答えなさい。(25点)

1 次の文章を読んで、あとの問いに答えなさい。

三上《みかみ》くんが引っ越《こ》す前に、仲良しの友だちみんなと写真を撮《と》った。すぐにプリントをして、みんなでお金を出し合って買った写真立てに入れて三上くんに渡《わた》した。

三上くんはそのプレゼントをすごく喜んでくれて、「部屋に飾《かざ》っとくから」と言った。少年たちも「そうだよ、ずーっと一緒《いっしょ》だから」「もし新しい学校でいじめられても、俺《おれ》たちがついてるから」とうれしそうに言った。

でも、部屋のどこにも写真はない。何度見回しても、同じ。だから――①写真なんて最初から探《さが》さなかったんだ、ということにした。

「トシくん、カルピスつくったわよお」

台所にいるおばさんに呼《よ》ばれて部屋を出る前、蛍光《けいこう》灯のスイッチの紐《ひも》の先に、軽く一発、右フックをぶつけた。

紐は思いのほか大きく揺《ゆ》れ動いて、ろくに狙《ねら》いをつけずに放った二発目のパンチは、空振《からぶ》りになってしまった。

正午を回った頃《ころ》、やっと三上くんが帰ってきた。居間でテレビを観《み》ていた少年に、「おーっ、ひさしぶりぃ！」と笑《え》顔《がお》で声をかける。息が荒《あら》い。顔が汗《あせ》びっしょりになってい

↓解答は66ページ

(1) ――①「写真なんて最初から探さなかったんだ、ということにした」とありますが、このときの少年の気持ちとして、最も適切なものを次から選び、記号で答えなさい。

ア 自分たちと撮った写真が部屋に飾られていなかったことで受けたショックを、打ち消そうとしている。

イ 自分たちと撮った写真がどこにもないことを不思議に思って、あとで三上くんに聞こうと思っている。

ウ 自分たちと撮った写真が大事にされていないことに腹を立てて、三上くんのことがいやになっている。

エ 自分たちと撮った写真が見当たらないことについて、引っ越したばかりでいそがしいのだと考えている。

（　　）

(2) 帰ってきた三上くんの様子を見た少年は、どのような気持ちになりましたか。次の[あ]にあてはまる言葉を、文中から十五字でぬき出しなさい。また、[い]・[う]にあてはまる言葉を、それぞれ四字で答えなさい。

・息が荒く、顔が汗びっしょりになった三上くんを見て、

月　日

る。自転車をとばして帰ってきた——早く会うために帰ってきてくれた、のだろうか。

一瞬《いっしゅん》ふわっとゆるんだ少年の頬《ほお》は、三上くんと言葉を交《か》わす間もなく、しぼんだ。

三上くんはおばさんに「お昼ごはん、なんでもいいから、早く食べれるものにして」と言ったのだ。「一時から五組と試合することになったから」

おばさんは台所から顔を出して、「ケイジ、なに言ってんの」と怒《おこ》った。「トシくんと遊ぶんでしょ、今日は」

三上くんは、あっ、という顔になった。あわてて「わかってるって、そんなのわかってるって」と繰《く》り返したが、あせった目があちこちに動いた。

けろっと忘《わす》れていたのだろう。ソフトボールの練習中に急に「試合しよう」という話になって、「じゃあ、俺も行く」と＊安請《やすう》け合いしてしまったのだろう、どうせ。

「ケイジ、あんたねえ、せっかくトシくんがわざわざ遊びに来てくれたのに、迎《むか》えもお母さんに行かせて、ずーっと待ってもらって……もうちょっと考えなさい」

しょんぼりと肩《かた》を落として「はーい……」と応《こた》える三上くんよりも、②少年のほうがうつむく角度は深かった。

（重松《しげまつ》　清《きよし》「小学五年生」）

＊安請け合い＝よく考えず、気軽に引き受けること。

[あ]と思って[い]なった。しかし、ソフトボールの試合に行くためだとわかり、[う]した。

あ［　　　　　　　　　　］

い［　　　］

う［　　　］

ヒント 汗びっしょりになって帰ってきた三上くんを見た少年の様子が書かれている部分を探そう。

(3) ——②「少年のほうがうつむく角度は深かった」とありますが、この表現はどういうことを表していますか。次の[あ]にあてはまる言葉を「約束」という言葉を使って答えなさい。また、[い]にあてはまる言葉を答えなさい。

・三上くんはお母さんにしかられてしょんぼりしているけれども、少年は[あ]ので、もっと[い]ということ。

あ（　　　　　　　　　　）

い（　　　　　　　　　　）

ヒント「うつむく」のは、どういうときなのかを考えよう。

5日

心情の移り変わりをつかむ

⬇解答は67ページ

月／日

1 **次の文章を読んで、あとの問いに答えなさい。**

遠泳で、六年生の各クラスで作った応援《おうえん》旗をふるのが、この小学校の伝統になっていた。応援旗のコンテストがあるわけでもなかったが、たがいのクラスでは、少しでもいい旗にしようと競争になった。とくに女子が必死になった。

「太《ふと》くんちは、裏山《うらやま》に竹の林があったよね。だれか二、三人で、竹の棒《ぼう》係になってよ。」

女子の中から、太に声がかかった。太とヤッチンは、教室の壁《かべ》にもたれていた。

①「太はだめだよ。」

とヤッチンが大きな声でいった。

みんながいっせいにふりむいた。

「ヤッチン、まだはっきり決まったわけじゃないだろ。」

とあわてて口をおさえにかかろうとしたが、②ヤッチンは一歩前に出て、太の遠泳参加を宣言《せんげん》してしまった。

「遠泳に出るやつは、旗作りをしなくていいんだろ。だから太は係にはなれない。」

教室がわっとおどろきの声をあげた。遠泳に参加することになっている三人の少年は、顔にうすらわらいをうかべ

(1) ――①「太はだめだよ」とありますが、ヤッチンがこのように言ったときの太の気持ちとして、最も適切なものを次から選び、記号で答えなさい。

ア 遠泳への参加を、今から自分で宣言しようとしていたのに、ヤッチンが余計なことをするので、おこっている。

イ 遠泳に参加しようかどうか迷っていたので、ヤッチンが後おししてくれそうなことに感謝《かんしゃ》し、喜んでいる。

ウ 遠泳に出ることはだれにも言っていないはずなのに、ヤッチンが知っていることを不思議に思っている。

エ 遠泳に出る決心がついていないのに、参加の意志があることをヤッチンが話しそうなので、あせっている。

（　　）

(2) ――②「ヤッチンは一歩前に出て、太の遠泳参加を宣言してしまった」とありますが、このあと、ヤッチンはどのような気持ちになりましたか。次の ㋐ ・ ㋑ にあてはまる言葉を、㋐は七字、㋑は八字で文中からそれぞれぬき出しなさい。

・太が遠泳に参加することについて、クラスのみんなが

て、完全にばかにしていた。どちらにせよ、太を応援する雰囲気《ふんいき》はなく、ただあきれかえった顔がならんだだけだ。その雰囲気におどろいたのは、太ではなく、宣言したヤッチンのほうだった。

「ごめん。いうのが早すぎたみたいだね。おこってるか。」

「知らねえよ。まいったな。これで、ほんとに遠泳に出なきゃいけなくなっただろ。じょうだんでしたじゃすまねえんだぜ。」

太はそういいながら、心では、なんとなくふっきれた気がしていた。やってみようか、と昨日以上に決心がかたまってきた。

特別なにか得意なものがあるわけじゃなかった。勉強もまあまあだったし、走るのもサッカーもふつうだった。みんなと同じくらい明るかったし、頭にくればけんかだってした。学級会で発言もしたし、いちおう自分の考えで、賛成反対の手をあげた。なにもかもふつうの少年だと自分で思っていた。だけどこのごろ、それがなんとなくいやだった。目立ちたいというのではなく、おれはおれなんだという、ぎゅうっとしたものがほしかった。

（横山充男《よこやまみつお》「少年の海」）

[あ]表情をしているのを見て、[い]と思い、太に対して申し訳《わけ》ない気持ちになった。

あ［　　　　　］
い［　　　　　］

(3) 遠泳に参加する意志があることをクラスのみんなに知られたことで、太はどんな気持ちになりましたか。文中の言葉を使って四十字以内で答えなさい。

［　　］

ヒント ヤッチンへの言葉にまどわされないように注意。

(4) 太が遠泳に参加しようと思ったのは、なぜですか。次の[あ]・[い]にあてはまる言葉を答えなさい。

・自分がすべてにおいて[あ]であることが、最近[い]になってきたから。

あ（　　　　　　）　い（　　　　　　）

原因・理由をおさえる

↓解答は67ページ

月　日

1 **次の文章を読んで、あとの問いに答えなさい。**

ある夜、「どーん、どーん」と烈《はげ》しく雨戸を叩《たた》く音でハァちゃんは目が覚めた。咄嗟《とっさ》に「泥棒《どろぼう》！」と思い身がちぢまった。泥棒が何かで雨戸を叩き割《わ》ろうとしている。ハァちゃんは、マト兄ちゃんとミト兄ちゃんの間に寝《ね》ていて、①どちらかを起こしたいと思うが体がこわばって動かない。「もう駄目《だめ》だ」と思っていると、時計が四つ鳴るのが聞こえた。

「泥棒は夜中に入るもので、四時頃《ごろ》には来ない」と誰《だれ》かに聞いたのを思い出し、ほっとしているうちに眠《ねむ》りこんでしまった。朝起きるとすぐ、マト兄ちゃんに泥棒のことを言うと、「心配せんとき。それは風で物干《ものほ》し棹《ざお》が雨戸に当たっとんやろ。第一、泥棒は雨戸を叩き割ったりせんと、上手にこそっと入ってくるもんや」と安心させてくれた。

②ハァちゃんはしばらくは安心していたが、ある夜中にふと目覚め、何も音がしないと怖《こわ》くなってきた。「泥棒はこそっと入る」というマト兄ちゃんの言葉を思い出したのだ。廊下《ろうか》に誰か立っているように思えたりするし、「みしっ」と音がすると心臓が破裂《はれつ》しそうだ。そのうち、不安で居ても

(1) ――①「どちらかを起こしたい」とありますが、ハァちゃんがこのように思ったのは、なぜですか。次の あ にあてはまる言葉を、文中から九字でぬき出しなさい。また、 い にあてはまる言葉を、五字以内で答えなさい。

・ あ を聞いて、 い と思ったから。

あ

い

(2) ――②「ハァちゃんはしばらくは安心していたが、ある夜中にふと目覚め、何も音がしないと怖くなってきた」とありますが、それはなぜですか。最も適切なものを次から選び、記号で答えなさい。

ア　泥棒は四時頃には来ないと聞いて安心したが、逆に言えば、夜中には泥棒がいるのではないかと思ったから。

イ　泥棒は雨戸を叩き割ったりはしないと聞いて安心したが、他の所から泥棒が入るのではないかと思ったから。

立ってもいられなくなってきた。

ほとんど無意識のうちにハァちゃんは立ち上がり、階下に降《お》りてゆき、お父さん、お母さんの寝室《しんしつ》に入った。いいちゃんはお母さんの横に、三人ともよく寝こんでいる。ハァちゃんはそっと、お父さんの横にもぐりこんだ。お父さんは目覚めて、はっとされたようだが何も言わずに腕《うで》をハァちゃんの方に投げかけてこられた。それを握《にぎ》りしめると、まるで何にでも勝つ魔法《まほう》の棒でも手にしたように、すっかり安心。ハァちゃんはすやすやと寝てしまった。

翌朝《よくあさ》、ハァちゃんは③バツが悪いと思ったが、お父さんも、お母さんも平気な顔で何も言われなかった。

それ以後、④ハァちゃんは夜中に目覚めて怖いときは、お父さんのところにもぐりこみに行くことにした。そうしているうちに、昼間の変な感じも薄《うす》れてきた。ところが、おさまらないのは兄たちである。ゲームをしたり、口喧嘩《げんか》のときなど、兄たちをやりこめたりするハァちゃんは、兄弟のなかでも「しっかり者」と思われているのに、それが夜になると親のところに寝にゆくなど、変だし、ずるい気もするし……というわけである。


（河合隼雄《かわいはやお》「泣き虫ハァちゃん」）

ウ　泥棒はこそっと入ると聞いて安心したが、逆に言えば、静かなときには泥棒がいるのではないかと思ったから。

エ　泥棒は夜中にしか来ないと聞いて安心したが、泥棒の行動が同じだとは限らないのではないかと思ったから。

（　　）

ヒント ハァちゃんが安心した理由をおさえよう。

(3) ――③「バツが悪いと思った」とありますが、ハァちゃんがこのような気持ちになったのはなぜですか。

（　　　　　　　　　　　　　　）

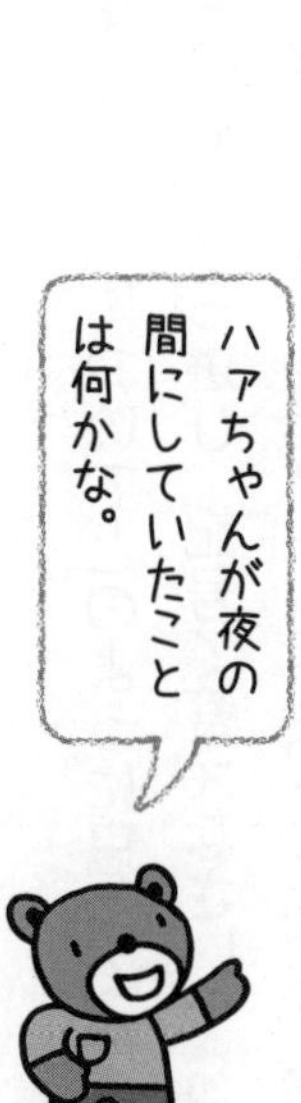

ハァちゃんが夜の間にしていたことは何かな。

(4) ――④「ハァちゃんは夜中に目覚めて怖いときは、お父さんのところにもぐりこみに行くことにした」とありますが、なぜですか。次の□にあてはまる言葉を答えなさい。

・お父さんの腕を握りしめると、□から。

（　　　　　　　　）

まとめテスト(2)

月　日

時間20分［はやい15分おそい25分］　合格80点　得点　点

1 次の文章を読んで、あとの問いに答えなさい。

空は曇《くも》っている。だから海面がくすんでいる。*相模湾《さがみわん》は薄《うす》い灰色につつまれていた。砲台跡《ほうだいあと》から眺《なが》めると、海流の変化が手に取るようにわかる。濃《こ》い灰色の帯と白っぽい帯が大河のようにうねって、海を分断している。*えぼし岩がいつもよりこぢんまりして見える。

「ねえ、てっちゃん」

ゆっちゃんが言った。

「いつか、えぼし岩の裏側《うらがわ》を見てみたいと思わない」

ゆっちゃんのレモン色のワンピースの裾《すそ》が風に揺《ゆ》れた。

「ぼくは、いいや」

「えっ、どうして？　いつも、こうして正面から見ているばっかりでしょ、なんかつまんないよ。裏側に行って、どうなっているのか、調べたいよ」

「ぼくは調べたくない」

「えっ、どうして」

「どうしてって、うーん、なんとなくだよ」

「ふーん、へんなの」

ぼくはいい、と答えたそのわけを、てっちゃんはゆっち

⬇解答は68ページ

(1) ゆっちゃんは、「えぼし岩」についてどのようなことをしたいと思っていますか。文中からぬき出しなさい。(20点)

（　　　　　）

(2) てっちゃんは、「えぼし岩」についてどのように思っていますか。最も適切なものを次から選び、記号で答えなさい。(20点)

ア　正面や裏側から見るだけではなく、できることなら、横からも空からも海底からも見たいと思っている。

イ　どこから見ても、水平線に堂々と突き出ているだろうから、見る位置はどこでも構わないと思っている。

ウ　今見ている形がえぼし岩だし、裏側が醜いと美しさが失われるので、見るのは正面からでいいと思っている。

エ　正面から見ているだけでは、えぼし岩の本当の美しさはわからないだろうから、裏側から見たいと思っている。

（　　）

(3) この文章には、てっちゃんが未来のことを想像している部分があります。その部分を文中からひと続きの二文で探《さが》し、はじめの五字を答えなさい(句読点をふくむ)。(20点)

（　　　　　）

ゃんに伝えることができなかった。えぼし岩はいつも見ている形のままでいい。後ろからも横からも空からも海底からも見たくない。弓形の水平線を中央で大胆《だいたん》に寸断《すんだん》して、堂々と突《つ》き出ている、この形がえぼし岩だから、それでいい。ゆっちゃんが言うように、裏側がどうなっているか見てみたい気もするけれど、その裏側が、もし醜《みにく》い形をしていたら、正面の美しさが失われてしまう。近い将来《しょうらい》、裏側を見る機会がやってくるかもしれない。大人になったら、自分のお金で釣《つ》り船をチャーターして、裏側を丹念《たんねん》に調査することだってできるだろう。でも、いまは、*日出子《ひでこ》がこんなときには、なにも変わらずにいてほしい。えぼし岩はいまのままで、この砂丘《さきゅう》もこのままで、大好きなゆっちゃんもどこへも行かないでほしい。茅ヶ崎《ちがさき》東海岸の松の一本たりとて、砂《すな》の一粒《ひとつぶ》まで、いまのままであってほしい。だから、いまは、いい。

それがてっちゃんの気持ちだった。

空がまたいちだんと曇った。

波も立ってきた。

（かしわ　哲《てつ》「茅ヶ崎のてっちゃん」）

*相模湾＝神奈川《かながわ》県にある湾の名前。
*えぼし岩＝茅ヶ崎の海にあるえぼし岩の形をした岩。
*日出子＝「てっちゃん」の母で、重い病気にかかっている。

(4) てっちゃんの茅ヶ崎への思いについて、次の問いに答えなさい。（20点×2—40点）

① てっちゃんは、茅ヶ崎についてどう思っていますか。次の□にあてはまる言葉を、文中から十二字でぬき出しなさい。

・えぼし岩も、砂丘も、海岸の松も、すべてが□と思っている。

② てっちゃんが、そう思うのはなぜですか。最も適切なものを次から選び、記号で答えなさい。

ア 病気の日出子に茅ヶ崎の風景を守るようにたのまれているから。

イ 病気の日出子の状態が悪いほうに変わるのをおそれているから。

ウ 茅ヶ崎の風景が少しでも変わるとすべてがくるってしまうと思っているから。

エ 茅ヶ崎の風景が変わると美しくなくなると思っているから。

（　　）

段落《だんらく》の構成をつかむ

↓解答は68ページ

月　日

1 次の文章を読んで、あとの問いに答えなさい。

[1] 洗濯《せんたく》の機械化は、家庭婦人の洗濯労働をずっと楽にしましたが、それだけでなく、料理や掃除《そうじ》をしながら、同時に洗濯もできます。そのために、家事をこなす時間が激減《げきげん》しました。また、料理のための毎日の買い物の時間も、冷蔵《れいぞう》庫《こ》が家庭に入って食品の貯蔵が容易となり、一週間分の食《しょく》糧《りょう》を一度に買ってしまえるので、そこでまた時間が浮《う》いてきます。掃除機を使う労働は、それ自体では、箒《ほうき》を使うときにくらべて楽というわけにはいきません。しかし箒と違《ちが》って、埃《ほこり》を機械の中に吸《す》い込《こ》んでしまうのですから、一度掃除をすれば、しばらくしなくても部屋はさほど汚《よご》れません。掃除の回数が減るという点で、これも家庭婦人の時間を浮かせ、社会に出て働くゆとりを生みます。

[2] 家庭電化は、このようにして家庭婦人の「社会進出」を可能にしました。第一次世界大戦前の時代では、中流家庭の娘《むすめ》たちの職業といえば、教師や看護婦《かんごふ》、タイピスト、事務員ぐらいでした。ところが、戦後の一九二〇年代には、新聞社の記者や出版社の編集者、広告代理店のプロデューサー、喫茶店《きっさてん》の経営者というふうに、職業の幅《はば》が飛躍《ひやく》的に

(1) [1]段落で「家庭電化」の例として挙げられている機械を三つ答えなさい。

（　　）（　　）（　　）

(2) [2]段落の役割《やくわり》の説明として最も適切なものを次から選び、記号で答えなさい。

ア [1]段落の内容をふまえて、自分の考えを述べている。
イ [1]段落の内容によって起きた事実を述べている。
ウ [1]段落で述べたことを、別の視点《してん》から述べている。
エ [1]段落で主張したことの理由を述べている。

（　　）

ヒント それぞれの段落が何について述べているか読み取ろう。

(3) 婦人参政権の実現について、次のようにまとめました。①～③にあてはまる言葉を、文中からそれぞれぬき出しなさい。

増えてきました。

3 一方、婦人参政権《けん》は、一九一八年にカナダ、一九一九年にドイツとオランダ、一九二〇年にはアメリカと、次々に各国に実現し、それが女性の社会的自覚を高め、社会進出を促進《そくしん》しました。ことにアメリカにおいてそれが目立ったのは、家庭電化がとりわけ急速に普及《ふきゅう》したためとも言えるでしょう。

4 一九世紀の半ばから末にかけて、欧米諸国《おうべいしょこく》では男性の普通選挙権が続々と実施《じっし》されました。それ以前は資産額の多い人だけが選挙権をもち、国政に参加できるという権利を認《みと》められていたのですが、それがすべての成年男子に拡大《かくだい》するまでには、半世紀に及《およ》ぶ時間がかかったのです。それでも、まだ女性にはその基本的人権が認《みと》められませんでした。

5 第一次世界大戦後、軍縮という形で機械文明の暴走に歯止めをかけるほど、戦争にたいする深い反省が人々のあいだに広がったことによって、ようやく女性への政治的な差別が克服《こくふく》されるようになったのです。世界平和の不可欠な前提は、「国境を越《こ》えての基本的人権の尊重《そんちょう》」ですが、そのためには、まずそれぞれの国で基本的人権が確立されなければならなかったのです。

（星野芳郎《ほしのよしろう》「技術と文明の歴史」）

年代	国名
（①　　）	カナダ
一九一九年	ドイツ・（②　　）
一九二〇年	（③　　）

(4) ——「女性への政治的な差別が克服されるようになった」とありますが、具体的にはどうなったのですか。次の□にあてはまる言葉を、5段落より前の文中から三字でぬき出しなさい。

・女性に、基本的人権である□が認められたということ。

ヒント 女性と政治について述べている段落から探《さが》そう。

(5) この文章を内容の上から二つに分けるとすると、どのようになりますか。二つ目のはじめの段落を、段落番号で答えなさい。

（　　）段落

9日

主題を読み取る

⬇解答は69ページ

月／日

1 次の文章を読んで、あとの問いに答えなさい。

　日本人が自然とつきあう独特の知恵《ちえ》として、戦前まで利用されてきた「里山」をまず取り上げるべきであろう。里山とは、農家や田畑に囲まれた雑木林のことである。雑木林からはさまざまなものが得られる。育った木は炭の材料や薪《たきぎ》になるし、落ち葉や下草は堆肥《たいひ》になる。雑木林を維持《いじ》し、上手に利用するため、江戸《えど》時代から農家の人たちが①「手入れ」を続けてきた。根こそぎ森林をなくしたイギリスや中国とは対照的である。

　雑木林は丈夫《じょうぶ》な自然の代表だと書いたが、草地に木が生えはじめたとき、成長するにまかせていると、関東以西では最後には照葉樹林《しょうようじゅりん》になってしまう。照葉樹は日差しをさえぎるので、下の地面には下草が生えなくなる。下草と共《きょう》存《そん》するようなさまざまな生物も生育できない。里山では、木の成長に合わせて手を入れることで、林が本来のそこでの自然林である照葉樹林になってしまうことを防いでいる。その結果、木々は十五から二十年というサイクルで成長し、交代していく。関東の場合、里山の雑木林は、コナラのように高さが一五メートル程度の高木とエゴノキのような一

(1) 「里山」とは何ですか。文中からぬき出しなさい。

（　　　　）

ヒント この文章の話題として、「里山」について最初の段落《だんらく》で説明しているよ。

(2) ――①「手入れ」をした結果、林はどうなると書かれていますか。最も適切なものを次から選び、記号で答えなさい。

ア 本来の自然林である照葉樹林になるとともに、下草や下草と共存するさまざまな生物が生育する。

イ 本来の自然林である照葉樹林になり、下草や下草と共存するさまざまな生物は生育しなくなる。

ウ 照葉樹林にならずに済《す》み、関東の場合、高さが一五メートル程度の高木ばかりから成る林になる。

エ 照葉樹林にならずに済み、関東の場合、高木や亜高木、低木、ササなどから成る生態系が保たれる。

（　　）

(3) ――②「このサイクル」について、次のようにまとめました。

〇メートル程度の亜《あ》高木、さらに、低木、ササなどからなる。本来なら、シイやカシなどの照葉樹林になるところが、手入れのおかげでこのような生態系《けい》が保たれる。

里山では、あるていど成長した木は伐採《ばっさい》し、薪や炭にする。そのとき、切り株《かぶ》を残しておく。しばらく経《た》つと、切り株や根からひこばえが生えてくる。この中から成長させるものを選び、残りは刈《か》って燃料などに使う。ひこばえが成長するあいだ、地面への陽《ひ》の当たり方がほどよく調節され、下草が生えてくる。この下草を頻繁《ひんぱん》に刈って燃料や堆肥に利用する。木々はさらに成長し、秋にはたくさん落ち葉が落ちる。これも堆肥に利用する。そして、成長してきた木をまた伐採する。②このサイクルが繰《く》り返される。

里山の雑木林が教えてくれるのは、自然は手を入れたほうが、一面では豊かになるということである。私《わたし》は鎌倉《かまくら》で生まれ育ち、いまも鎌倉に住んでいる。戦前は、鎌倉の山も里山として手入れを受けていた。だからそういう環境《かんきょう》に適応したさまざまな生きものがいた。戦後は炭焼きも下草刈りもしなくなったので、鎌倉の山はいまのほうが自然林に近い。

（養老孟司《ようろうたけし》「いちばん大事なこと」）

あ～う にあてはまる言葉を、文中からそれぞれぬき出しなさい。

・木があるていど成長する。→ あ にする。
・切り株や根からひこばえが生える。
・ い が生える。→ う や堆肥に利用する。
・木が成長し、葉が落ちる。→堆肥に利用する。

あ（　　　）い（　　　）う（　　　）

(4) この文章で筆者が述べたかったことを次のようにまとめました。次の□にあてはまる言葉を、文中の言葉を使って答えなさい。

・里山の雑木林を見ればわかるように、自然には□という一面がある。

（　　　）

ヒント 里山の雑木林の考察を通して、筆者の考えを最後の段落でまとめているよ。

↓解答は69ページ

月　日

1 **次の文章を読んで、あとの問いに答えなさい。**

気候学的に考えると砂漠《さばく》化は、地下水のことを考えなければ、雨不足か、または蒸発《じょうはつ》量が降水《こうすい》量以上になることで起こります。気候変動が砂漠化を引き起こす原因のひとつであることは確かです。

むかしから、火山の大爆発《ばくはつ》や気候の変化のような自然現象が人びとの生活を根*こそぎひっくり返し、社会を混乱《こんらん》させ、文明を衰退《すいたい》させてきたようにいわれてきました。ポンペイの町の繁栄《はんえい》を突《つ》き崩《くず》したのはベスビオス火山の爆発でした。気候変動が文明を滅《ほろ》ぼした幾多《いくた》の事例が知られているといいます。

いっぽう、①人間の行為《こうい》が環境《かんきょう》を破壊《はかい》した事実も明らかになってきています。天山《てんざん》山脈の南麓《なんろく》に住む人びとがかんがいのために水をとったため、下流の砂漠への水の供給《きょうきゅう》が減り、それによってタリム盆地《ぼんち》の砂漠化が進行したといわれます。似たことは中央アジアの各地で起きています。中央アジアにあるアラル海は、『理科年表』（国立天文台編、丸善《まるぜん》）によると世界第四位の面積を誇《ほこ》る内陸湖ですが、②その面積は年々縮小《しゅくしょう》しています。その原因は、この湖に流れこ

(1) ――①「人間の行為が環境を破壊した」とありますが、「人間の行為が環境を破壊すること」と対比されているのはどういうことですか。「……こと。」に続くように、文中からぬき出しなさい。

（　　　　　　　　）こと。

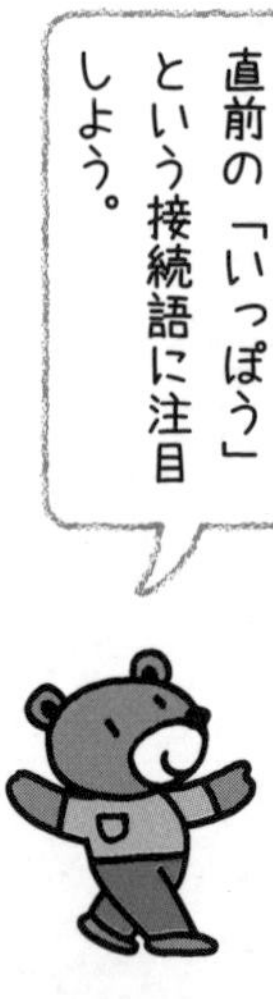

(2) ――②「その面積は年々縮小しています」とありますが、その理由として、最も適切なものを次から選び、記号で答えなさい。

ア 流域の土地で畑を開くために水を使い、湖に流れこむ川の流量が急速に減ったから。

イ 流域の土地で綿花をつくるために広大な面積の畑を開き、湖の水を利用したから。

ウ 流域の土地の砂漠化が進行し、人びとが生活に必要な水を湖から取っていったから。

むアムダリア川の流量が急速に減ったからです。アムダリア川の水量が減った理由は、流域《りゅういき》の土地で、綿花をつくるために広大な面積の畑を開き、そこへのかんがいのために水を使ったからということです。アラル海は塩水の湖、塩湖です。流れこむ水量が減ったことで面積が縮小したばかりか、湖の塩濃度《のうど》が高くなって魚もすめなくなりました。アラル海は、いまやそのすがたそのものを消そうとさえしているのです。

③流域の綿花畑にも異常《いじょう》が起きつつあるといいます。乾《かん》燥《そう》した土地を不用意にかんがいしたときしばしば起きる現象なのですが、地下にたまっていた塩の成分が吸《す》い上げられ、地表にたまって作物が育たなくなるというのです。*楼《ろう》蘭《らん》王国が滅んだ原因のひとつがやはりこの塩害でしたが、こうなると事態は深刻《しんこく》です。水がないだけなら、どこからか水をもってくれば問題は解決するかもしれません。しかし塩が吹《ふ》いたとなると打つべき手がないのです。もしこのまま事態が進めば、アラル海からアムダリア川の流域一帯が、砂漠のような不毛の土地に変わってゆくことは明らかです。砂漠化は、このように、人間の手によって引き起こされかねない現象でもあるのです。

（佐藤洋一郎《さとうよういちろう》「よみがえる緑のシルクロード」）

*根こそぎ＝少しも残さないこと。
*楼蘭王国＝中央アジアのタクラマカン砂漠北東部にあった都市国家。

エ　流域の土地に暮《く》らす人びとの数が増え、湖に流れこむ川の水を生活に利用したから。

（　　）

(3) アラル海では、面積が縮小した以外に、どのような問題が起きましたか。文中の言葉を使って答えなさい。

（　　）

(4) ——③「流域の綿花畑にも異常が起きつつある」とありますが、どうなったのですか。二十字以内で答えなさい。

(5) アラル海周辺の砂漠化について、筆者はどのように考えていますか。次の□にあてはまる言葉を、文中からぬき出しなさい。

・アラル海周辺の砂漠化は□によって引き起こされた。

（　　）

ヒント　最後の段落《だんらく》に、筆者の考えがまとめられているよ。

1 次の文章を読んで、あとの問いに答えなさい。

[1] ①あなたにとって身近ではないことでも、日本国内で大きなニュースになることがあります。たとえば「中東*問題」です。

[2] 中東とよばれる地域《ちいき》では、イスラエルという国と、パレスチナに住む人たちの間で争いがたえません。爆弾《ばくだん》*テロ事件も起きます。これが日本でもニュースになります。

[3] 日本から遠い国のことで、日本人も関係していないのだから、ニュースにはならないはずなのに、どうしてでしょう。

[4] それは、まわりまわって、わたしたちの暮《く》らしにも大きな影響《えいきょう》がでる可能性があるからなのです。

[5] 中東地域では、たくさんの石油がとれます。わたしたちの毎日の暮らしは、石油によってささえられています。自動車が走るのは、石油からとりだしたガソリンによってです。わたしたちの身のまわりにあるプラスチック製品は、みんな石油からつくりだしたものです。日本は、中東から大量の石油を毎日輸入しているのです。

↓解答は70ページ

(1) ――①「あなたにとって身近ではないことでも、日本国内で大きなニュースになること」とありますが、その具体例として何が挙げられていますか。二つ答えなさい。

（　　　　　　）
（　　　　　　）

(2) ――②「そんなこと」とありますが、どういうことを指していますか。最も適切なものを次から選び、記号で答えなさい。

ア 中東で爆弾テロ事件などが起き、現地にいる日本人が巻《ま》きこまれること。
イ わたしたちの暮らしをささえる石油が、他のものに取って代わられること。
ウ 中東の代わりに、他の国や地域から日本に石油を輸入するようになること。
エ 中東での争いがもとで日本に石油が入ってこなくなり、生活が大混乱すること。

（　　）

6 もし中東での争いが大きな戦争になったら、日本に石油が入ってこなくなるかもしれません。そんなことになったら、わたしたちの生活、暮らしは大混乱《こんらん》になります。

7 ②そんなことを心配している人が日本には大勢いるので、中東問題は、日本で大きなニュースになるのです。

8 アメリカの大統領選挙が日本で大きなニュースになるのもおなじことです。日本はアメリカと親しく、アメリカの行動によって大きな影響を受けます。アメリカの大統領がだれになるかによって、アメリカの日本に対する態度は変わります。③それが気になる人が多いので、アメリカの大統領選挙であっても、日本で大きなニュースになるのです。

（池上《いけがみ》　彰《あきら》「ニュースの現場で考える」）

＊中東＝アフガニスタン、イラン、イラク、サウジアラビアなどをふくむ地方。

＊テロ＝政治的な目的を達成するために暴力を使うこと。

(3) ―③「それ」とありますが、どういうことを指していますか。次の あ ・ い にあてはまる言葉を、文中からそれぞれぬき出しなさい。

・ あ が変わることによって、 い が変わること。

あ（　　　　）

い（　　　　）

(4) この文章で、「問い」と「答え」の関係になっているのは、どの段落《だんらく》とどの段落ですか。段落番号で答えなさい。

（　　・　　）段落

ヒント 「問い」は、問いかけの形で書かれている部分を探そう。

(5) この文章の要点を三十五字以内で答えなさい。

ヒント 問いと答えの関係になっている段落に注目して、筆者の考えをまとめよう。

まとめテスト(3)

月　日

時間 20分［はやい15分おそい25分］　合格 80点　得点　点

↓解答は70ページ

1 次の文章を読んで、あとの問いに答えなさい。

1 根の発達のために*ハングリー精神を刺激《しげき》する方法は、イネにも利用されます。田植えのすんだ水田では、水がいっぱい張りめぐらされ、イネは水につかって育ちます。水の中で育つイネには、主に、三つの*恩恵《おんけい》があります。一つ目は、水は温まると冷めにくいので、夜も暖《あたた》かさを保てます。これは、インドや東南アジアの暑い地域《ちいき》出身のイネには望ましい環境《かんきょう》です。

2 二つ目は、土の上でなら水の不足に悩《なや》まねばなりませんが、水の中なら、水の不足に悩む必要がないことです。三つ目は、水の中には、多くの養分が豊富に含《ふく》まれていることです。水は高いところから低いところへ流れてくるので、その途上《とじょう》で養分が溶《と》け込《こ》みます。そのため、水につかっていれば、イネはそれらの養分を吸収《きゅうしゅう》することができます。このように、水の中は、イネにとっては、たいへん恵《めぐ》まれた環境なのです。

3 イネの根は水が不足するような乾燥《かんそう》地では、水を求めて強く張りめぐらせる力をもっています。でも、水が容易に得られる水田では、根を張りめぐらせる必要がありません。

(1) イネは、水の中で育つと、どんなよいことがありますか。次の あ ～ う にあてはまる言葉を、文中からそれぞれぬき出しなさい。（5点×3―15点）

・夜でも あ を保てること。
・水が い する心配がないこと。
・水に含まれる う を吸収できること。

あ（　　）　い（　　）　う（　　）

(2) 3段落《だんらく》の要点を次のようにまとめました。あ・い にあてはまる言葉を、文中からそれぞれぬき出しなさい。（10点×2―20点）

・水田のイネは あ 必要がないが、そのまま秋を迎えると、い ことができない。

あ（　　）
い（　　）

(3) 1段落から5段落を、「イネが水の中で育つ利点を説明して

ところが、そのまま水田で育って秋を迎《むか》えたら、強い根を張りめぐらせていないイネは、秋に実る垂《た》れ下がるほどの重い稲穂《いなほ》を支えることはできません。

4 そこで、イネの穂が出る前に、水田の水は抜《ぬ》かれ、田んぼの表面の土が乾燥してひび割《わ》れするくらいに乾《かわ》かされます。この過程は、「中干《なかぼ》し」とよばれます。こうすれば、今まで水をいっぱいもらって、根を強く張らずに育っていたイネは、びっくりします。土が割れるほど乾燥させられ、危機《きき》を感じてびっくりして、急いで水を求めて多くの根を張りめぐらせます。

5 イネは、水がないという〝ハングリー精神〟を刺激されて、根を張りめぐらせるのです。そうしてこそ、秋に垂れ下がるほどの重いお米を実らせるからだを支えることができます。中干しすることで、土にできたひび割れから、土の中に酸素を供給《きょうきゅう》する効果もあり、このことが根の成長をさらに助けることにもなります。

6 芝生《しばふ》やイネに限らず、乾燥した土の中で、植物たちは根を伸《の》ばします。土の表面は乾燥していても、地下深くには水分があり、その水分を探《さが》し求めて、植物たちは長い根を伸ばすのです。

（田中《たなか》 修《おさむ》「植物のあっぱれな生き方」）

＊ハングリー精神＝もっと向上しようとする前向きな気持ち。
＊恩恵＝恵み。ここでは、よい効果という意味。

いるまとまり」と「イネが根を張りめぐらせることについて説明しているまとまり」に分けたものとして、最も適切なものを次から選び、記号で答えなさい。（20点）

ア 1―2345　イ 12―345
ウ 123―45　エ 1234―5

（　　）

(4) 6段落の役割《やくわり》の説明として最も適切なものを次から選び、記号で答えなさい。（20点）

ア 5段落で取り上げた性質が、イネの成長に役立つことを説明している。
イ 5段落で取り上げた性質が、イネ特有のものであることを説明している。
ウ 5段落で取り上げた性質が、他の植物にあたえる影響《えいきょう》を説明している。
エ 5段落で取り上げた性質が、他の植物にもあることを説明している。

（　　）

(5) この文章の要点を、「イネ」「中干し」「水」という言葉を使って、三十字以内で答えなさい。（25点）

↓解答は71ページ

月　日

1 次の文章を読んで、あとの問いに答えなさい。

（「おれ」(健《たける》)は兄にあこがれて少年野球のチームに入ったが、兄に追いつけずにいた。あるとき兄がけがで入院し、みまいに行った「おれ」は、兄の思いを聞く。）


「投手ってのは、孤独《こどく》なんだな」

古賀《こが》先生も、神妙《しんみょう》な顔をしてきいていた。

「もちろん、このけががいちばんつらかったです」

やっとけがのことが出てきたが、①そのつらさは、おれが思っているのとは少し違《ちが》うものだった。

「治るかどうかも不安だったし、治ったところで、チームに居場所があるのかとも考えた。でもいちばんは、大好きな野球ができなくなるかもしれないってことでした」

兄ちゃんのなみだ声に、おれは顔をあげた。

兄ちゃんがいやだったのは、達也《たつや》さんが自分のかわりをつとめることではなかったのだろうか。

「健、さっきの話だけどな」

兄ちゃんは、言った。

「最初は、達也の先発はおもしろくないという気持ちもあった。と、いうよりも、いろんな気持ちがごちゃごちゃし

(1) ――①「そのつらさは、おれが思っているのとは少し違うものだった」とありますが、「おれ」は、どう思っていたのですか。次の□にあてはまる言葉を、文中からぬき出しなさい。

・けがをした兄は□をいやがっていると、「おれ」は思っていた。

（　　）

ヒント 「おれ」の心の中の言葉を探《さが》そう。

(2) 兄は、けがをしたことで、いちばんつらかったのはどういうことだと言いましたか。最も適切なものを次から選び、記号で答えなさい。

ア けががもう治らなくなること。
イ チームに居場所がなくなること。
ウ 大好きな野球ができなくなること。
エ 「おれ」に心配をかけてしまうこと。

（　　）

(3) ――②「余分なもの」とありますが、それはどういうもので

ていて、わからなかったんだ。でも、ひとつずつ、②余分なものを取り除《のぞ》いていったら、③最後にひとつ残ったものがわかった。それがおれの本当の気持ちだった」

「それはなに？」

なみだ声でたずねるおれに、兄ちゃんのなみだ声がかえってきた。

「野球が好きだ、ということだ」

「……」

「おまえも、心の中から余分なものを追い出せ」

「余分なもの？」

「不安とか、自ぎゃく的な考えとか。思い出したら、自分がいやな気分になるものは、ぜんぶ余分な気持ちだ。それをみんな追い出して、残ったものが本当の気持ちだ」

　兄ちゃんの言うことは、わかるようでわからなかった。姿《すがた》や形のない気持ちが、どうしたら本当かなんてわかるのだろう。

　だが兄ちゃんは、そんなおれの疑問《ぎもん》を見すかすように言った。

「本当の気持ちはすぐにわかる。いちばん強いからな。それに従《したが》って、がんばれ」

　それをきいたら、またやけに泣けてきた。


（まはら三桃《みと》「なみだの穴《あな》」）

すか。文中から二十字でぬき出しなさい。

(4) ――③「最後にひとつ残ったもの」とありますが、それは何でしたか。次の□にあてはまる言葉を、文中からぬき出しなさい。

・□という気持ち。

（　　　　）

(5) 兄は、「本当の気持ち」がわかるのはなぜだと言いましたか。文中からぬき出しなさい。

（　　　　）

(6) 兄は、「おれ」に、どうしてほしいと思っていますか。次の□にあてはまる言葉を二十五字以内で答えなさい。

・□と思っている。

ヒント 兄は「おれ」にどのような言葉をかけただろう。

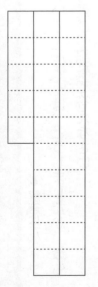

14日

物語を読む(2)

⬇解答は71ページ

月　日

1 次の文章を読んで、あとの問いに答えなさい。

「ぼく」(えだいち)は、四人の飼育委員のうちの一人である。教室で飼う生き物を何にするか、学級会までに決めなくてはいけない。しかし、学級会がせまっても、だれも話し合おうとしない。

頭の中でもやもやと考えてるだけで、時間はどんどん過ぎ、あっという間に昼休みになってしまった。

「ねえ、ちょっと!」

突然《とつぜん》、亀山《かめやま》さんに声をかけられてびっくりした。

「亀に決めたから!」

「……え、亀? 亀だけ?」

「そう。亀にだっていろんな種類がいるんだから、いいでしょ!」

そんな……、と思ったけど、反論《はんろん》のしようがなかった。

「あ、あとの二人は?」

「よくわかんない。えだいちからきいておいてよ。みんなちっとも決めないんだから。とりあえず亀で決まりだから!」

時間は刻《こく》一刻と迫《せま》っている。振《ふ》り返って二人を見ると、

(1) 亀山さんの提案を聞いて、「ぼく」は、どうしましたか。最も適切なものを次から選び、記号で答えなさい。

ア あまりよい案だとは思わなかったので、自分の考えをきちんと話した。

イ 自分が考えていたのと同じ案だったので、他の二人にも話そうとした。

ウ とまどったけれども、反対する理由がないので、意見が言えなかった。

エ 自分の思いもしなかった案だけれども、よい考えだと思い、納得《なっとく》した。

(　　)

(2) ① にあてはまる言葉として最も適切なものを次から選び、記号で答えなさい。

ア すごすご　イ あっさり

ウ いそいそ　エ のんびり

(　　)

(3) ――② 「これじゃあ、亀山さんのほうがよっぽどましだ」とありますが、それはなぜですか。最も適切なものを次から選

ぼくのことをじっと見ている。ぼくは仕方なく、［①］と彼《かれ》らのところへ行った。

「亀山さんが、亀って言ってるけど、それで決まりでいいのかな」

二人は顔を見合わせるだけで、何も答えない。

「どう？」

何度目かの同じ質問に、

「家で熱帯魚とかいろいろ飼ってるから、べつにそんなのなんでもいい」

と片方《かたほう》が言った。そして二人で目配せしあって、いやな感じで笑った。

「べつになんでもいい」

もう片方も、同じような調子でそう言った。正直ぼくはむかっとした。②これじゃあ、亀山さんのほうがよっぽどましだ。

「わかったよ」

ぼくは二人に背《せ》を向けた。眉間《みけん》のあたりや耳のあたりが、かあっと熱かった。いいかげんすぎるじゃないか、と思った。二人でにやにや笑ったりしていやな感じだ。こめかみがじんじんした。これが怒《おこ》ってことだ。気分がいいのではけっしてないことが、はじめてよくわかった。

（椰月《やづき》美智子《みちこ》「しずかな日々」）

び、記号で答えなさい。

ア　亀山さんには、生き物に対する関心があるから。

イ　亀山さんは、みんなで話し合おうとしていたから。

ウ　亀山さんは、「ぼく」の意見を受け入れてくれたから。

エ　亀山さんには、自分で決めようという意志があるから。

（　　）

ヒント　「あとの二人」と亀山さんのちがいをとらえよう。

(4)　「ぼく」は、「あとの二人」のところに行って、どう思いましたか。次の［　］にあてはまる言葉を、文中から八字でぬき出しなさい。

・二人の態度は［　］と思った。

(5)　この文章に書かれている出来事を通して、「ぼく」がはじめて実感したのは、どういうことですか。三十字以内で答えなさい。

➡解答は72ページ

月／日

1 次の文章を読んで、あとの問いに答えなさい。

転校生の「私《わたし》」は近所に住むユキヒロ、ナオミとうまく打ち解けられずに壁《かべ》を感じていた。それを知ったとなりの家の安子《やすこ》ねえが、三人の間をとりなしてくれた。

ふたりとのあいだに立ちふさがっていた壁の正体がなにか、それだけははっきりした。だが……。

安子ねえがいなくなったあと、私たちのあいだには、またしても気まずい沈黙《ちんもく》が落ちた。なにをどう切り出したらよいか、三人それぞれに戸惑《とまど》いがあって、①うまく口火を切れないでいた。

自分たちの頭で考えな、と言って、安子ねえは、私にボールを投げてよこしたのだと思う。ただ、②そのボールが野球のボールなのかサッカーボールなのか、私にはなかなか判断がつかなかった。ボールの種類がわからないのでは、キャッチボールをしたらよいのか、パス回しをはじめたらよいのか、その判断ができない。私がサッカーボールだと思っても、ユキヒロには野球のボールかもしれないし、ナオミにとってはバスケットボールやバレーボール、という

(1) ――①「口火を切れないでいた」とありますが、ここではどういう意味ですか。次の□にあてはまる言葉を、十五字以内で答えなさい。

・「私」とユキヒロ、ナオミの三人が、三人とも□ということ。

ヒント 「口火を切る」は「最初に物事を行う」「きっかけを作る」という意味。

(2) ――②「そのボールが野球のボールなのかサッカーボールなのか、私にはなかなか判断がつかなかった」とありますが、どういうことですか。最も適切なものを次から選び、記号で答えなさい。

ア ユキヒロやナオミと、どのような遊びをすればよいのかがわからなかったということ。

イ ユキヒロやナオミが、どのような球技を得意としているかがわからなかったということ。

ことも有り得《う》る。

これってサッカーボールだよ、いいね？　と確認《かくにん》してパスを出しはじめればすむ話なのだけれど、それがうまくできないもどかしさを抱《いだ》いたままでいると、

「いけねえ」

ユキヒロが舌打ちをして立ち上がった。

「そろそろ手伝いに戻《もど》らなくちゃ」

独り言のように言ったあとで、遅《おく》れて立ち上がった私にすまなそうな顔で言う。

「とりあえず、続きはまたあとで」

「あ、うん。あとで……」

そう返すことしかできなかった。

無言で立ち上がったナオミは、ひと言もしゃべらずに、すでに屋台のほうへと歩きだしていた。

広瀬《ひろせ》川の土手に座《すわ》り続けながら、別れ際《ぎわ》の［③］したやりとりを思いだし、安子ねえから受け取ったボールを、ふたりのどちらにも渡《わた》すことができなかったことに、私は後《こう》悔《かい》、というよりは、深く反省していた。

ボールの種類を気にかけるなんてことはしないで、とにかく放ってしまえばよかったんだと、いまさらながらに思う。そうすれば、ユキヒロのほうできちんとボールの種類を見分けてくれたかもしれないのに……。


（熊谷達也《くまがいたつや》「七夕しぐれ」）

ウ　ユキヒロやナオミが、どのような暮《く》らしをしているのかがわからなかったということ。
エ　ユキヒロやナオミに、どのような種類の話をすればよいのかがわからなかったということ。

（　　）

(3) ［③］にあてはまる言葉として最も適切なものを次から選び、記号で答えなさい。

ア　てきぱき　　イ　ぎくしゃく
ウ　あたふた　　エ　ほのぼの

（　　）

(4) 「私」は、この文章にえがかれている場面をふりかえって、どうすればよかったと思っていますか。次の［　］にあてはまる言葉を、二十字以内で答えなさい。

・［　　］と思っている。

ヒント 「ボール」が意味するところをおさえて、最後の部分を読み取ろう。

16日 物語を読む(4)

⬇解答は73ページ

月／日

1 次の文章を読んで、あとの問いに答えなさい。

宇佐子《うさこ》はミキちゃんと二人で県民ホールへ出かけた。お母さんは、二人だけで出かけることを許可したが、こっそり二人に付いて来た。

始まりは朝御飯《ごはん》の時だ。①「なんでミキちゃんをうちに呼《よ》ばなかったの」と聞かれたから、宇佐子は黙《だま》ってしまった。「なんで県民ホールに付いて来たの」と言い返すこともしなかった。

お母さんはただ、なぜミキちゃんを家に呼ばないのかと宇佐子に言っただけだが、宇佐子はお母さんに「約束を破ったのはそっちのほうじゃない」と言いたいような気がしていた。お母さんの顔がそういうことを言っているように見えた。お母さんの声が、宇佐子に迫《せま》って来た。よく考えてみると、県民ホールに付いて来てはいけないというような約束は、お母さんとはしていない。だから、お母さんが宇佐子とミキちゃんのあとをそっと付いて来たからと言って、ちっとも約束を破ったことにはならない。でも、宇佐子は不機嫌《きげん》だった。

宇佐子はお母さんの顔を見るだけで黙っていた。

(1) ――①「なんでミキちゃんをうちに呼ばなかったの」とありますが、この言葉を、宇佐子はどういう意味に受け取りましたか。次の□にあてはまる言葉を、文中から六字でぬき出しなさい。

・「なんでミキちゃんをうちに呼ぶという□のか」という意味に受け取った。

ヒント このように言われた宇佐子は、お母さんに何と言いたくなっただろう。

(2) ――②「外は明るい夏だ」とありますが、この表現の効果の説明として最も適切なものを次から選び、記号で答えなさい。

ア 気づまりになった宇佐子が、外を見て気分を変えようとしていることを表現している。

イ お母さんに腹を立てていた宇佐子が、外の明るさを見て機嫌を直したことを暗示している。

ウ お母さんとのけんかによって生まれた宇佐子の不快感が、暑さとともに増したことを表している。

お母さんも不機嫌に黙った。

朝御飯の食卓《しょくたく》には不機嫌という霧《きり》が降《ふ》った。②外は明るい夏だ。

宇佐子は目玉焼きの黄身を潰《つぶ》した。黄色い黄身が白いお皿の上に流れ出す。黄身の流れを見ながら宇佐子は、その粘《ねば》ついたものが自分の不満の形を自然に描《えが》き出しているような気がした。お母さんの心配が解《わか》らないわけではない。宇佐子自身もミキちゃんと二人だけで電車に乗って、二度も乗り換《か》えをするのはできるかどうか不安だった。それに、小学生だけで電車に乗るのは、とても悪いことなのではないか？　という気もしなくはなかった。夏休み前に、学校で配られたプリントにも「子どもだけで遠出はさせないでください」とあるくらいだ。そういう後ろめたさがあるから、余計にお母さんが内緒《ないしょ》で吹奏楽《すいそうがく》コンクールが行われている県民ホールまで付いて来たのは、なんだかインチキだという腹立ちを呼ぶ。宇佐子は不機嫌そうに黙ったお母さんの顔を見ていると、「いけないんだ、子どもだけで電車に乗っちゃいけないんだ」という声が聞こえてくるような気がした。きっとクラスの誰《だれ》かに、ミキちゃんと県民ホールに出かけたことが伝わったら、そう言われるだろう。

（中沢《なかざわ》けい「うさぎとトランペット」）

エ　外が夏の陽気であることを描くことによって、険悪なふんいきになった食卓の様子をきわだたせている。　（　　）

ヒント　直前の「不機嫌という霧」という表現に注目しよう。

(3) 宇佐子は、自分の気持ちがあるものに映《うつ》し出されているように感じています。それを文中からぬき出しなさい。

（　　　　）

(4) この場面における宇佐子の気持ちを次のようにまとめました。[あ]・[い]にあてはまる言葉を、あは三十五字以内、いは十字以内でそれぞれ答えなさい。

・宇佐子は、一度は許可したのに、お母さんが県民ホールに付いて来たことについて、[あ]からこそ、[い]。

あ

い

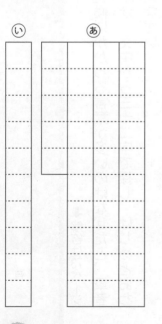

随《ずい》筆《ひつ》を読む（1）

↓解答は73ページ

月　日

1 次の文章を読んで、あとの問いに答えなさい。

日本語には、天候にかかわる言葉が多い。四季の移り変わりがはっきりしていて、空や雨や風の表情が豊かだから、というのがその理由だろう。

が、逆に、豊かな日本語によって、私《わたし》たちは自然のさまざまな表情を教えられることも多い。そんなふうに名づけられていなかったら、ただの空であり、ただの雨であり、ただの風としか感じられなかっただろうなあ、と思うことがよくある。言葉によって日本人は、自然の豊かさを、さらに美しいものにしてきたようだ。

たとえば、「花曇《はなぐも》り」という言葉がある。桜が咲《さ》くころの、曇りがちの天気を表している。確かにそのころというのは、すっきりしない曇天《どんてん》が多い。

「せっかく花が咲いて、暖《あたた》かくなってきたっていうのに、あーあ、なんだか憂鬱《ゆううつ》な色の空だなあ」

青空が大好きな私は、春になると何回となく、曇り空を恨《うら》めしく思う。が、あるとき、そういう空を「花曇り」というのだ、ということを知った。

「花曇り……なんて優《やさ》しい響《ひび》きの言葉だろう」

(1) 日本語には、天候にかかわる言葉が多いのはなぜだと、筆者は考えていますか。文中から三十二字で探《さが》し、はじめとおわりの五字を答えなさい。

□□□□□ ～ □□□□□

(2) この文章には、「花曇り」「菜種梅雨」という言葉が取り上げられていますが、どういう意味ですか。文中からそれぞれぬき出しなさい。

・「花曇り」（　　　）
・「菜種梅雨」（　　　）

(3) 「花曇り」という言葉を知ったことによって、曇り空を見たときの筆者の気持ちはどのように変わりましたか。次の あ ・ い にあてはまる言葉を、文中からそれぞれぬき出しなさい。

・憂鬱な色の空だと感じ、曇り空を あ 思っていた。
↓
・一面に広がる雲が い ものに見えてきた。

あ（　　　）　い（　　　）

そう思って空を見上げると、一面に広がる雲も、なかなか風情《ふぜい》のあるものに見えてくる。我《われ》ながら、おかしいくらいの変わりようだ。まるでそれらの雲は、強すぎる日差しから、桜の花びらを守ってくれているようにさえ感じられる。あるときには、雲そのものが、空に敷《し》きつめられたふかふかの花びらのようにも見えた。

「花曇り」という言葉は、憂鬱な空の色をそんなふうに変えてしまう魔法《まほう》だった。

「菜種梅雨《なたねづゆ》」もまた、私の大好きな言葉の一つだ。菜の花の咲くころに、しとしとと降《ふ》る雨。夏前の本格的な梅雨ほどではないけれど、確かに雨が続くことがある。

もちろん［①］よりも［②］のほうが好きな私は、このころの長雨を快く思っていなかった。が、「花曇り」と同じように、「菜種梅雨」という言葉を知ってからは、それほど嫌《いや》ではなくなった。

「今日もまた雨か……。しかたないわね。菜種梅雨だもの」

「なたねづゆ」と口にしてみると、とたんに優しい気分になる。きっと菜の花は、この雨を喜んでいるに違《ちが》いない。いや、すべての植物が、この潤《うるお》いを楽しんでいることだろう、と思われてくる。

（俵《たわら》 万智《まち》「かすみ草のおねえさん」）

(4) 筆者が、春の雲を、たとえを用いて表している部分があります。その部分を、文中からひと続きの二文で探し、はじめの五字を答えなさい。

［　　　　　］

(5) ［①］・［②］にあてはまる言葉の組み合わせとして最も適切なものを次から選び、記号で答えなさい。

ア ①＝春　②＝夏　　イ ①＝晴れ　②＝雨

ウ ①＝夏　②＝春　　エ ①＝雨　②＝晴れ

（　　）

(6) この文章の主題を、次のようにまとめました。［　］にあてはまる言葉を三十字以内で答えなさい。

・日本人は、［　］ようであり、実際、豊かな日本語によって自然のさまざまな表情を教えられることも多い。

［　　　　　　　　　　　　　　　　　　　　　　　　　　　　］

ヒント 構成に注目し、筆者の考えが述べられた部分を探そう。

↓解答は74ページ

月　日

1 次の文章を読んで、あとの問いに答えなさい。

かつて、地質学において「火成論《ろん》」と「水成論」という二つの学説があった。「火成論」では、地球上の地形は火山の噴火《ふんか》などの激《はげ》しい作用によって生み出されたと考える。一方、「水成論」では、*浸食《しんしょく》したり、*堆積《たいせき》したりといった長年にわたる水の穏《おだ》やかな作用の蓄積《ちくせき》によって、土地は成り立つと考える。

地上のありさまが、私《わたし》たちが知るような姿《すがた》になっている根本的な理由を、「火」の激しい作用の結果としてとらえるか、それとも「水」の穏やかな働きの結果としてとらえるか。両論の支持者の間で論争が起きた。一八三一年に完結したドイツの文豪《ぶんごう》ゲーテ*畢生《ひっせい》の大作『ファウスト』第二部でも、「火成論」と「水成論」のことが論じられている。

今日の私たちは、「火成論」と「水成論」のどちらも正しかったということを知っている。地質の形成は、時折起こる火山活動や、それを引き起こす*プレート・テクトニクスなどの「火成論」的な作用と、河川や海などの水が岩石を浸食したり、砂を堆積させ平野を形成したりといった「水成論」的な作用の両方の相乗効果で起こるのである。

(1) 「火成論」「水成論」とは、それぞれどのような考え方ですか。次の[あ]・[い]にあてはまる言葉を、あは十三字、いは十七字で文中からそれぞれぬき出しなさい。

・火成論…地球上の地形が、[あ]によって生み出されたとする考え方。

・水成論…土地が、[い]によって成り立つとする考え方。

あ

い

(2) 今日では、「火成論」と「水成論」はどちらが正しかったとされていますか。最も適切なものを次から選び、記号で答えなさい。

ア 「火成論」が正しかった。

イ 「水成論」が正しかった。

ウ どちらも正しかった。

エ どちらも正しくなかった。

（　　）

人生も同じこと。時には、環境《かんきょう》を変えたり、人間関係を変えたりといった劇的《げきてき》な変化が必要になる。その一方で、日々の穏やかな営みの積み重ねも必要である。長年続けてはじめて熟成《じゅくせい》してくるものもある。その一方で、心機一転を図《はか》ることも大事である。

火成論と水成論と。①生命という有機的な作用のためには、「火」と「水」という異《こと》なる要素の豊かな響《ひび》き合いが必要なのである。

私たちは皆《みな》、小学校、中学校、高校と卒業、入学を繰《く》り返すうちに、火成論的な作用を経験してきた。大人になると「卒業」の機会はぐんと減る。それでも、時には別れの季節は来る。「火」の作用を受け、魂《たましい》はチリチリとする。

人ひとりの生だけでなく、国も同じこと。首相《しゅしょう》や大統領が替《か》わったり、政権《せいけん》交代があったりといった「②」の作用と、地道に政策《せいさく》を積み重ねるという「③」の作用の両方が要《い》る。「火」と「水」のバランスは、人生そのものと同じくらい奥《おく》深く、難《むずか》しい。

（茂木《もぎ》健一郎《けんいちろう》「あるとき脳は羽ばたく」）

*浸食＝水や風の力で土地がけずりくずされること。
*堆積＝高く積み重なること。
*畢生＝一生を終わるまでの期間。
*プレート・テクトニクス＝地球の表面で起きる地震《じしん》などを、地球表面をおおうプレートの水平運動で説明する考え。

(3) ――①「生命という有機的な作用のためには、『火』と『水』という異なる要素の豊かな響き合いが必要なのである」とありますが、それはどういうことですか。次の□にあてはまる言葉を、二十五字以内で答えなさい。

・人生には、□が必要だということ。

ヒント 人生における「火成論」的な作用と「水成論」的な作用とはそれぞれどのようなものか、前の段落《だんらく》から読み取ろう。

(4) ②・③にあてはまる言葉として最も適切なものを次からそれぞれ選び、記号で答えなさい。

ア 火成論
イ 水成論

②（　）③（　）

(5) この文章を前半と後半に分けると、後半はどの段落からはじまりますか。その段落のはじめの五字をぬき出しなさい。

月　日

時間 20分［はやい15分 おそい25分］ 合格 80点 得点　点

↓解答は74ページ

❶ 次の文章を読んで、あとの問いに答えなさい。

お母さんがどんな仕事をしているのか想像できない聡子《さとこ》は、とにかくあらゆる売り場を見てまわった。生肉鮮魚《せんぎょ》コーナーの裏《うら》にある作業所とか、ケーキのデコレーションをしているひとがいるお菓子《かし》売り場のカウンターの奥《おく》のほうとか。

そして、アルコール売り場の前を通りかかったときだった。

「新発売の黒ビールでーす。いかがですかぁ。ぜひ、お試《ため》しくださぁい」

よく知ってる声だった。

「ただいまお買い上げの方に、もれなくジョッキをさしあげていまぁす」

その声は、大声にのどがたえきれなくて、完全に裏返っていた。

聡子は、②手足が［①］思いで立ちどまった。違《ちが》っていてほしかった。お母さんが、この仕事を選ぶわけがないもの。大きな声をはりあげなきゃならない仕事は、お母さんにはむいてない。そんなのお母さんが、一番よくわかってるは

(1) ［①］にあてはまる言葉として最も適切なものを次から選び、記号で答えなさい。（10点）

ア 温かくなる　イ 冷たくなる

ウ 長くなる　エ 汗《あせ》ばむ

（　　）

(2) ――②「お母さんが、この仕事を選ぶわけがない」とありますが、そう思うのはなぜですか。次の［　］にあてはまる言葉を、三十字以内で答えなさい。（25点）

・お母さんは、［　　］ため、この仕事が向いていないことは、お母さん自身がよく知っているはずだから。

(3) ――③「家に帰ってから、泣いて怒った」とありますが、その理由として、最も適切なものを次から選び、記号で答えなさい。（20点）

ずだ。

あれは、二年生のときのお楽しみ会のことだった。お母さんたちが紙芝居《かみしばい》をやってくれたのはいいのだけど、いざはじまると、聡子のお母さんの声だけが全然聞こえなかった。まず最初に先生が言った。

「もっと大きな声でお願いします」

お母さんは顔を真っ赤にして、一生懸命《けんめい》大きな声をだした。すると、とたんに声が裏返って、すっとんきょうな声になった。クラスのみんなは、それを聞いて大笑いした。その紙芝居はとてもかなしいおはなしだったのに、お母さんが声をだすたびに、教室は笑い声であふれた。

聡子はあのとき、すごくはずかしかった。③家に帰ってから、泣いて怒《おこ》ったあの日のことがよみがえる。

「いらっしゃいませー。いかがですかぁ！」

それでも、その声はどうしても、お母さんの声だった。

聡子は、そっとアルコール売り場に足をふみいれた。そして声のするほうを、のぞきこんだ。

白い割烹着《かっぽうぎ》に三角きん。めいっぱいの笑顔《えがお》をつくって、紙コップをさしだしているそのひとは、④聡子の期待をうらぎって、やっぱりお母さんだった。


（草野《くさの》たき「ハッピーノート」）

ア お母さんたちが紙芝居をしたときに、聡子のお母さんの声だけが全然聞こえなくてはずかしかったから。
イ 紙芝居をやってくれたお母さんたちの中で、聡子のお母さんだけが先生に注意されてはずかしかったから。
ウ とても楽しい紙芝居だったのに、お母さんの声のだし方が悪いせいでだいなしになり、はずかしかったから。
エ とてもかなしい紙芝居だったのに、お母さんが声をだすたびに、笑い声が起こってはずかしかったから。

（　　）

(4) ――④「聡子の期待」とありますが、それはどういう期待ですか。三十字以内で答えなさい。(25点)

(5) この文章の構成について述べたものとして最も適切なものを次から選び、記号で答えなさい。(20点)
ア 前半は現在の場面、後半は過去の回想になっている。
イ 前半は過去の回想、後半は現在の場面になっている。
ウ 現在の場面の中に、過去の回想がはさみこまれている。
エ 過去の回想の中に、現在の場面がはさみこまれている。

（　　）

20日 説明文・論説文《ろんせつぶん》を読む (1)

⬇解答は74ページ

月　日

1 **次の文章を読んで、あとの問いに答えなさい。**

みなさんは、幼《おさな》い子どもが、「お母さん、見て見て！　虫がいる！」などと、母親に、一所懸命《けんめい》に呼《よ》びかけている姿《すがた》を見たことがありませんか？（中略）

人間は、どうして、こんなふうに共感したがる生き物なのでしょう？

ぼくたちの食事の仕方に、この疑問《ぎもん》を解く答えのひとつがあると考えられています。

食べ物は争いのもとになるので、動物はふつう別々に食事をとります。肉食動物やワシタカ類は、自分だけでは動かせない大きな獲物《えもの》を仲間といっしょに食べますが、けっして仲よく食べているわけではありません。食事中に争いは絶えないし、ひとりじめにしようとするものもいます。人間に近いサルや類人猿《るいじんえん》は、果実や葉といった小さな食物が主食なので、仲間と分けあう必要も、いっしょに食べる必要もないのです。

しかし、人間だけは、狩《か》ってきた動物やとってきた木の実などを、みんなで分けあって顔をつきあわせて食事をします。あえて食事をともにすることで、家族や仲間とのき

(1) 人間の食事について説明した次の［あ］・［い］にあてはまる言葉を、文中からそれぞれぬき出しなさい。

・人間は、［あ］に食事をとる動物とちがい、あえて食事をともにすることできずなを確かめ、［い］を深めあってきた。

あ（　　　）　い（　　　）

ヒント 動物の食事の仕方を述べている段落《だんらく》と、人間の食事の仕方を述べている段落をとらえよう。

(2) ――①「サッカーチームは十一人……理に適った人数というわけです」とありますが、その理由として、最も適切なものを次から選び、記号で答えなさい。

ア　たがいに言葉や共感を必要としない人数だから。
イ　チームメイトの顔と名前が一致する人数だから。
ウ　信頼関係を築けるといわれる規模の人数だから。
エ　仲間との深いきずなが必要不可欠な人数だから。

（　　　）

ずなを確認《かくにん》し、共感をより深めあってきたのです。

ところが、人間が言葉を獲得《かくとく》したときから、共感は薄《うす》まる運命にありました。

ゴリラやチンパンジーの集団は、だいたい十〜十五頭で構成されていますが、人間も言葉を使わなくても気持ちが通じあえる仲間、たがいに信頼《しんらい》感を持ちあえる集団（共鳴集団といいます）の規模《きぼ》は、十〜十五人程度といわれています。①サッカーチームは十一人、ラグビーチームは十五人ですが、理に適《かな》った人数というわけです。

さらに、顔と名前が一致《いっち》するのはせいぜい百五十人までだといわれています。②これは、動物を狩ったり、木の実や果実をとったりして暮《く》らす、狩猟《しゅりょう》採集民の共同体の人数と、だいたい同じです。

③　、コミュニケーションの幅《はば》を広げる言葉という道具を手に入れた人間は、信頼関係を築ける十五人という規模の集団をこえ、百人、千人単位の知り合いを作れるようになりました。それが、人間が長いこと育んできた、共感する力を薄めてしまうことと引きかえだったという側面は、見過ごせません。自分にとっての相手、相手にとっての自分は、十五人のうちのひとりではなく、百人のうちのひとり、千人のうちのひとりになってしまったのです。分母が大きくなればなるほど、個々の関わりはどうしても希薄《きはく》になっていきます。

（山極寿一《やまぎわじゅいち》「ゴリラは語る」）

(3) ――②「これ」とありますが、何を指していますか。文中から四字でぬき出しなさい。

(4) ③にあてはまる言葉として最も適切なものを次から選び、記号で答えなさい。

ア それで　イ ところが
ウ または　エ なぜなら　（　　）

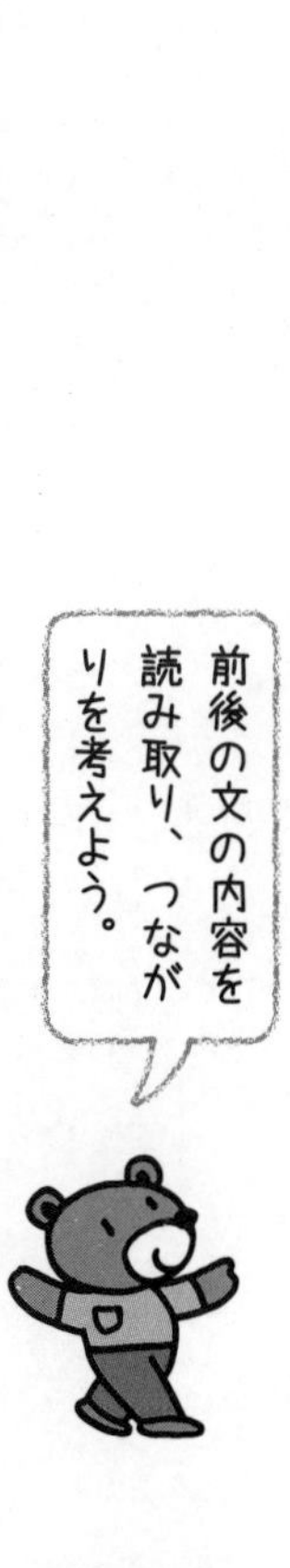
前後の文の内容を読み取り、つながりを考えよう。

(5) この文章で筆者が述べていることを次のようにまとめました。□にあてはまる言葉を、二十五字以内で答えなさい。

・人間はもともと共感したがる生き物だったが、言葉の獲得によって、□ため、個々の関わりが薄くなり、共感が薄まることになった。

ヒント 言葉を獲得して何ができるようになったのだろう。

21日

説明文・論説《ろんせつ》文を読む (2)

⬇解答は75ページ

月　日

1 **次の文章を読んで、あとの問いに答えなさい。**

「いえ、今、メダカは本当にいなくなりつつあるんです」

教えてくれたのは名古屋《なごや》・東山《ひがしやま》動植物園の渡辺正さん。

二〇〇七年、開園七十周年を迎《むか》えた動物園には「世界のメダカ館」という建物がある。世界中のメダカおよそ二百種を展示《てんじ》している、国際的にも珍《めずら》しいという建物に足を踏《ふ》み入れると、なるほどいくつもの水槽《すいそう》が並《なら》んで、大小のメダカがたくさん。メダカって、こんなにたくさんの種類がいたのか。それなのに、日本のメダカは減少の一途《いっと》をたどり、①今や風前の灯火《ともしび》に近い状態になりつつあるというのである。

この建物には「メダカ実験ラボ」というコーナーもある。水流による実験や体色変化、遊泳力の実験などを通して、メダカの特性を分かりやすく教えてくれるというものだ。あの小さないのちがなかなか興味深い存在《そんざい》であることを紹《しょう》介《かい》すると共に、メダカが生きていくために必要な環境《かんきょう》について、子どもたちにもごく自然に考えさせるための工夫《くふう》だろう。

「ちょっと前まで普通《ふつう》にいたという感覚がありますから、

(1) ――①「風前の灯火に近い状態になりつつある」とありますが、それはどういうことですか。次の□にあてはまる言葉を答えなさい。

・メダカが□ということ。

（　　　　）

ヒント この文章で、メダカがどうなっていると指摘《してき》されているか。

(2) ――②「こちらが『うっかり』している間に、当たり前だったものが当たり前でなくなりつつある」とありますが、それはどういうことですか。最も適切なものを次から選び、記号で答えなさい。

ア 環境問題に関心をはらわないでいる間に、あらゆる動物が絶滅の危機に直面しているということ。

イ 身近な生物にばかり気をとられている間に、大きくて目立つ動物が絶滅しそうになっているということ。

ウ 大きくて目立つ生き物の絶滅にばかり関心をもっている

やっぱり目立たないんですよね」

確かに、オランウータンやゾウなど、大きくて目立つ生き物の絶滅《ぜつめつ》危機《きき》の話題なら聞き耳を立てるくせに、もっとも身近な環境に対して鈍感《どんかん》であったことを密《ひそ》かに恥《は》じた。②こちらが「うっかり」している間に、当たり前だったものが当たり前でなくなりつつあるのだ。

メダカは小さくて弱い魚だけに、他の生き物のエサになることを見越《みこ》して大量に卵《たまご》を産む。水温や日照時間が一定の条件を満たせば、自然界では四月から十月まで、飼っている場合なら一年中でも、ずっと産卵《さんらん》し続けるのだそうだ。さらにメダカは雑食性。植物質から動物質まで、好き嫌《きら》いがない。つまり、③今のうちに手を打ってやりさえすれば、再び順調に増え続ける可能性が大きい。

「要するにコンクリート製の水路ではなく、水草が生えている自然のままの池や小川があれば、それでいいんです」

水草は水の流れを*緩和《かんわ》させ、速い水流に耐《た》えられないメダカを守る。また、産卵の場にもなり、エサにもなる。水草が生えるような場所、農薬などの流れ込《こ》まない環境、それさえあれば良いのだ。だが、それが現代では難《むずか》しい。

（乃南《のなみ》アサ「いのちの王国」）

*緩和＝激《はげ》しさなどの程度をゆるめること。

間に、身近な環境に異変《いへん》が生じているということ。

エ　身近な環境の変化に対する有効な策《さく》を打てないでいる間に、絶滅の危機にある動物が増えているということ。

（　　）

ヒント　「『うっかり』している」とはどんな様子か、「当たり前だったもの」とは何のことかを、前の部分から読み取ろう。

(3)　――③「今のうちに手を打ってやりさえすれば、再び順調に増え続ける可能性が大きい」とありますが、そのようにいえるのはなぜですか。メダカの性質をふまえて、三十字以内で答えなさい。

(4)　===「メダカが生きていくために必要な環境」とありますが、それはどのような場所ですか。文中から十八字でぬき出しなさい。

↓解答は75ページ

月　日

1 次の文章を読んで、あとの問いに答えなさい。

〔保護センターで飼っていた能里《のり》というトキが死んだ。〕

[1] 能里の体をしらべてみると、腎臓《じんぞう》などにたくさんの農薬や水銀がのこっていた。能登《のと》半島にいたころ食べたカエルやドジョウなどが農薬に汚染《おせん》されていて、そのために体がよわって死んだのだった。

[2] 能里が死んでしまった一九七一（昭和《しょうわ》四十六）年三月、日本のトキの数は、飼育のトキが一羽、野生のトキが十羽、計十一羽になった。

[3] トキは、天然記念物に指定された昭和のはじめごろは、佐渡《さど》に約六十～百羽いたとされている。それがどうしてこんなに少なくなってしまったのか。

[4] トキは、カラスやスズメのようにつよい生命力をもっていない。なんでも食べる鳥ではないから、大雪や悪天候がつづくと小動物がとれなくなる。餌《えさ》不足で生きていけなくなってしまうのだ。タカやカラスなどの敵におそわれても、攻撃《こうげき》する力はなく、じぶんやひなを守ることができない鳥だった。

[5] それから大型で白い鳥なので、目だってねらわれやすか

(1) [1]段落《だんらく》の内容について、その背景《はいけい》にあったことを説明しているのはどの段落ですか。段落番号で答えなさい。

（　　）段落

ヒント [1]段落では、トキが農薬に汚染された生きものを食べたため、体がよわって死んだということが書かれているよ。

(2) この文章で、筆者はどのようなことを問いかけていますか。二十字以内で答えなさい。

ヒント 文末表現に注目して、問いかけをしている段落を探《さが》そう。

(3) トキの説明として、この文章の内容に合うものは、次のうちどれですか。最も適切なものを選び、記号で答えなさい。

ア　トキは大型の鳥なので、つよい生命力をもっている。

った。うつくしい羽をもっていたため人間につぎつぎにとらえられ、羽ぶとん、羽ぼうきの材料にされた。

6 つぎに、山の木がきられて*営巣《えいそう》する場所をうばわれ、餌になる小動物も少なくなってしまったこともへった原因だった。太平洋《たいへいよう》戦争がはげしくなってから、燃料のほか、木造船、建物、橋などに木材が多くつかわれた。日本じゅうの森林の木がきりだされてしまったのだ。その後、しばらくのあいだは植林をしたり、木をきることを制限した。しかし太平洋戦争がおわって少しすると、日本の経済《けいざい》が発展《はってん》して木材の需要《じゅよう》がふえた。すると制限もなくなり、森林の木はかたっぱしからきられていった。

7 農薬の影響《えいきょう》もある。一九五〇（昭和二十五）年ごろから、水田や畑に農薬がつかわれるようになり、水田の昆虫《こんちゅう》やドジョウ、カエルなどが汚染された。農薬の使用がふえるにつれて、能里のように汚染された生きものを食べてよわる鳥がふえ、卵《たまご》も*孵化《ふか》しなくなってしまったのだ。

8 こうした原因がいくつもかさなって、トキはへっていったのである。

（国松俊英《くにまつとしひで》「トキよ未来へはばたけ」）

*営巣＝巣を作ること。
*孵化＝卵がかえること。

イ　トキは大型の鳥なので、敵に対して攻撃する力がある。
ウ　トキは大型で白いので、人間にねらわれやすい。
エ　トキはなんでも食べるので、餌不足でも生きられる。

（　　）

(4) 6段落の要点を次のようにまとめました。□にあてはまる言葉を、文中から三十字で探し、はじめとおわりの五字を答えなさい。

・太平洋戦争のはげしかったころと、戦後しばらくたってからの時期に、森林の木が多くきられたため、□ことも、トキがへった原因の一つである。

□□□□□ ～ □□□□□

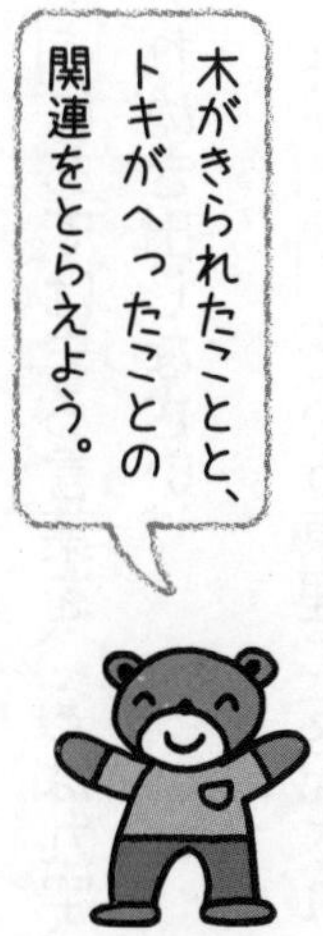

(5) ――「こうした原因」とありますが、それが書かれているのは、どの段落からどの段落までですか。段落番号で答えなさい。

（　　～　　）段落まで

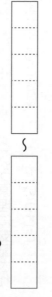

説明文・論説文《ろんせつ》を読む（4）

↓解答は76ページ

月　日

1 次の文章を読んで、あとの問いに答えなさい。

[1] ①フランス人が日本の旅館で食事をしている写真が、とても気になりました。彼《かれ》らが畳《たたみ》の部屋ではうまく床《ゆか》に座《すわ》れないことを紹介《しょうかい》するための写真で、たいへん奇妙《きみょう》なものでしたが、よく見ているとその姿勢《しせい》はある原理に支配されていることがわかりました。彼らは、食事をするときに脇《わき》をしめないかわりに、テーブルに肘《ひじ》をつくということです。実際は肘の先のあたりをテーブルの縁《ふち》に当てているという感じです。つまり、彼らがスプーンのみならずフォークやナイフで食事するときは、かならずテーブルが必要になるのです。

[2] [②]、われわれ日本人は長いあいだ、テーブルを使わないで食事していました。ちゃぶ台が使われるようになるのは、明治《めいじ》になってからです。それまでは、床に直接食器を置いて食べた時代が長いようです。③そのときの床は畳ではなく、板張りです。その後、食器が載《の》せられたお盆《ぼん》が床に置かれ、それで食べることになります。

[3] あるいは銘々膳《めいめいぜん》と呼《よ》ばれた、四角のお盆に一〇センチほどの脚《あし》がついたものが使われていました。しかし、銘々膳

(1) ——①「フランス人が日本の旅館で食事をしている写真」とありますが、これを見て、筆者はどのようなことに気づきましたか。次の[あ]・[い]にあてはまる言葉を、ⓐは九字、ⓘは十字で文中からそれぞれぬき出しなさい。

・フランス人の食事の姿勢は、[あ]という原理に支配されており、彼らが食事をするときは、[い]ということ。

あ

い

ヒント　あとに「ある原理に支配されていることがわかりました」と書かれていることから考えよう。

(2) [②]にあてはまる言葉として最も適切なものを次から選び、記号で答えなさい。

ア 一方　イ だから
ウ つまり　エ なぜなら　（　　）

ヒント　[1]段落《だんらく》の内容と、[2]段落の内容を比べているよ。

は当初、身分の高い人だけが使う道具でした。昭和三〇年代までは家庭で冠婚葬祭《かんこんそうさい》をおこなう習慣が残っており、比《ひ》較《かく》的余裕《よゆう》のある家ではかならずこの銘々膳にごちそうが並《なら》べられ、日常とは異《こと》なる＊ハレの日を演出する重要な用具になっていました。

4 日本人の食事の動作を細かく分析《ぶんせき》してみるとわかりますが、高いテーブルに載せられた食器でも、手にもってしまえば何も問題はありません。ただし、椅子《いす》をテーブルから離《はな》しておく必要があります。また箸《はし》でテーブルに並べられた料理を取り分けようとすると、とても取りづらくなります。とくに鍋物《なべもの》をしようとテーブルにポータブルのガスコンロを置きさらに鍋を載せると、とても高くなってしまいます。調理役(いわゆる鍋奉行《ぶぎょう》)はついつい立ち上がることになってしまうのです。

5 これを床の上に腰《こし》を下ろしてやると、じつにしっくりきます。食器は各自お盆に並べると見た目も美しいのです。そして少し前まで多くの日本人は囲炉裏《いろり》を囲み、鍋をつついていたのです。④私《わたし》たちは床座《ゆかざ》の文化をもつ民族なのです。

（光野有次《みつのゆうじ》「みんなでつくるバリアフリー」）

＊ハレの日＝祭礼や年中行事を行う日。

(3) ——③「そのとき」とありますが、どういうときを指していますか。二十字以内で答えなさい。

(4) 3段落の役割《やくわり》の説明として、最も適切なものを次から選び、記号で答えなさい。

ア 2段落の内容を根拠《こんきょ》として結論《けつろん》を述べている。
イ 2段落の内容の根拠となる例を取り上げている。
ウ 2段落の内容とは相反する例を取り上げている。
エ 2段落の内容に例を付け加える形で補足《ほそく》している。

（　　）

(5) ——④「私たちは床座の文化をもつ民族なのです」とありますが、そのようにいえる根拠として、どういうことを挙げていますか。三十字以内で答えなさい。

ヒント 5段落のはじめの「これ」が指す内容をおさえよう。

月　日

時間 20分（はやい15分 おそい25分）
合格 80点
得点 点

↓解答は76ページ

❶ 次の文章を読んで、あとの問いに答えなさい。

一般《いっぱん》に、山に生えているブナやミズナラなどは、種子をたくさん実らせる豊作の年もあればわずかしか実らない凶《きょう》作《さく》の年もあって、毎年同じ量の種子を実らせることはなく、五年ぐらいの間隔《かんかく》で豊作年が繰《く》り返されるといわれています。＊白神《しらかみ》山地でも①この間隔は当てはまっていて、二〇〇〇年の種子生産量はずば抜《ぬ》けて多く、大豊作の年だったといえます。種子を実らせるには、光合成によって作り出した養分のかなりな部分をつぎ込《こ》まなければなりません。大豊作の翌年《よくねん》二〇〇一年に種子生産がみられなかったことは、②このことが原因していると説明できます。

樹木《じゅもく》が毎年同じような量の種子を生産しないで数年間隔で豊凶を繰り返すということの理由には、いろいろな説明がされています。そのうちのひとつを紹介《しょうかい》しましょう。

種子は次の世代を担《にな》うため、［③］子どもになるための大事な器官ですが、芽を出して自分で光合成を行って成長していくことができるようになるまでの間に、必要な栄養分を蓄《たくわ》えている貯蔵《ちょぞう》庫に相当する組織（胚乳《はいにゅう》または子葉）を持っています。したがって、この栄養分は［④］に使われ

(1) ――①「この間隔」とありますが、どういう間隔を指していますか。次の［あ］・［い］にあてはまる言葉を、あは三字、いは二字で文中からそれぞれぬき出しなさい。（10点×2―20点）

・［あ］を繰り返す、約［い］という間隔。

あ［　　　］　い［　　］

(2) ――②「このこと」が指している内容を文中から一文で探《さが》し、はじめの五字を答えなさい。（20点）

［　　　　　］

(3) ［③］にあてはまる言葉として最も適切なものを次から選び、記号で答えなさい。（10点）

ア または　イ しかし
ウ つまり　エ 例えば

（　　）

るためのものですが、同時に昆虫《こんちゅう》やネズミ、クマなどの野生の動物にとっても恰好《かっこう》の餌《えさ》になります。しかし、実った種子が全部食べられてしまうことはほとんどなく、種子の総生産量に対する食べられる種子の割合《わりあい》は、ほぼ一定しています。

例えば、九〇%食べられてしまうと仮定して、一〇個の種子が実った場合、食べられない種子は一個ですが、一〇〇個実ると食べられない種子は一〇個となるように、たくさんの種子を作ればそれだけ生き残ることができる種子の数が増えます。しかし、毎年たくさんの種子を作るには、それだけ親の木に負担《ふたん》をかけることになりますので、数年ごとにたくさん実るようになったと考えられるのです。

二〇〇〇年の大豊作の翌年、白神山地では、森林に生息するネズミの一種であるアカネズミが大発生しました。天敵にねらわれないために、餌を採りに夜を中心に行動する夜行性の動物で、日中に見かけることはほとんどありません。

しかし、二〇〇一年は林道を行く車の前をさかんに横切ったり、歩道でも足下を頻繁《ひんぱん》に行《ゆ》き交《か》う光景がしばしば見られました。前年にブナの種子が大豊作であったため餌がとても豊富になって、アカネズミの個体数が異常《いじょう》に増えたのでしょう。

（齋藤宗勝《さいとうむねかつ》「みんなで見守る世界遺産《いさん》　白神山地」）

＊白神山地＝青森《あおもり》県と秋田《あきた》県にまたがるブナの森が広がる山地。世界遺産《いさん》。

(4) [④]にあてはまる言葉として最も適切なものを次から選び、記号で答えなさい。（10点）

ア 光合成　イ 芽の成長

ウ 種子生産　エ 種子の発芽

（　　）

(5) 白神山地で、二〇〇一年にアカネズミが大発生した理由を答えなさい。（20点）

（　　）

(6) ――「樹木が毎年同じような量の種子を生産しないで数年間隔で豊凶を繰り返すということの理由」とありますが、そのひとつとして、どういう理由を挙げていますか。次の[　]にあてはまる言葉を、三十字以内で答えなさい。（20点）

・[　]けれども、毎年たくさんの種子を作ると親の木に負担をかけるから。

1 次の詩を読んで、あとの問いに答えなさい。

木

田村隆一《たむらりゅういち》

木は黙《だま》っているから好きだ
木は歩いたり走ったりしないから好きだ
木は愛とか正義とかわめかないから好きだ

ほんとうにそうか
ほんとうにそうなのか

見る人が見たら
木は囁《ささや》いているのだ　ゆったりと静かな声で
木は歩いているのだ　空にむかって
木は稲妻《いなずま》のごとく走っているのだ　地の下へ
木はたしかにわめかないが
木は
愛そのものだ　それでなかったら小鳥が飛んできて

⬇解答は77ページ

(1) ――「木は囁いているのだ　ゆったりと静かな声で／木は歩いているのだ　空にむかって／木は稲妻のごとく走っているのだ　地の下へ」とありますが、この部分の表現について、次のようにまとめました。[あ]にあてはまる言葉として最も適切なものをあとから選び、記号で答えなさい。[い]・[う]はあてはまる言葉をそれぞれ漢字一字で答えなさい。

・まず、三行とも[あ]。また、「木は囁いている」「木は歩いている」は木を[い]にたとえており、「稲妻のごとく」には木の[う]を稲妻にたとえている。

ア　様子を表す言葉を使っている
イ　語順をふつうとは逆にしている
ウ　言葉をふつうとはちがう意味で使っている

あ（　　）　い（　　）　う（　　）

(2) 作者は、木のどのようなところに、「愛」や「正義」を見いだしていますか。それぞれ二十字以内で答えなさい。

・愛

枝にとまるはずがない
正義そのものだ　それでなかったら地下水を根から吸《す》
いあげて
空にかえすはずがない

若木《わかぎ》
老樹《ろうじゅ》
ひとつとして同じ木がない
ひとつとして同じ星の光《ひか》りのなかで
目ざめている木はない

木
ぼくはきみのことが大好きだ

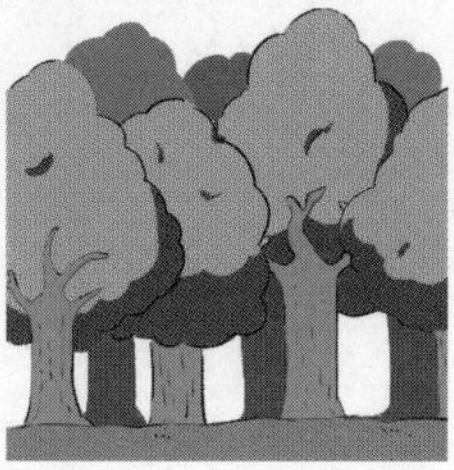

・正義

ヒント 第三連の内容を読み取ろう。

(3) 次の文は、どの連について述べたものですか。漢数字で答えなさい。

・木にもさまざまなものがあり、すべての木に個性があることを見いだしている。

第（　　）連

(4) この詩から読み取れることはどのようなことですか。次の ㋐ ～ ㋓ にあてはまる言葉を、詩の中からぬき出しなさい。

・作者は最初、木が「好きだ」という理由を、人間とちがって ㋐ ことや、 ㋑ こと、 ㋒ ことに見いだしていた。しかし、そうした見方を自ら否定《ひてい》することによって、最初は「好きだ」だった木に対する思いが、最後には「 ㋓ 」へと強くなっている。

㋐（　　）
㋑（　　）
㋒（　　）
㋓（　　）

詩を読む (2)

⬇解答は77ページ

月　日

1 次の詩を読んで、あとの問いに答えなさい。

誕生《たんじょう》　高階《たかしな》杞《き》一《いち》

どこかに
空より高い木があって
上から
毎日いっぱい①タネがおちてくる

そのひとつひとつのタネに
神さまは②行き先を告げる
　ハイ、君はウマ
　ハイ、君はニンゲン
　ハイ、君はゾウリムシ…

なんて告げられて
無数のタネがとんでいく
いろんな場所へ
バラバラに

(1) ——①「タネ」とありますが、何を意味していますか。次の□にあてはまる言葉を漢字二字の熟語《じゅくご》で答えなさい。

・「タネ」とは、あらゆる□の源《みなもと》のことである。

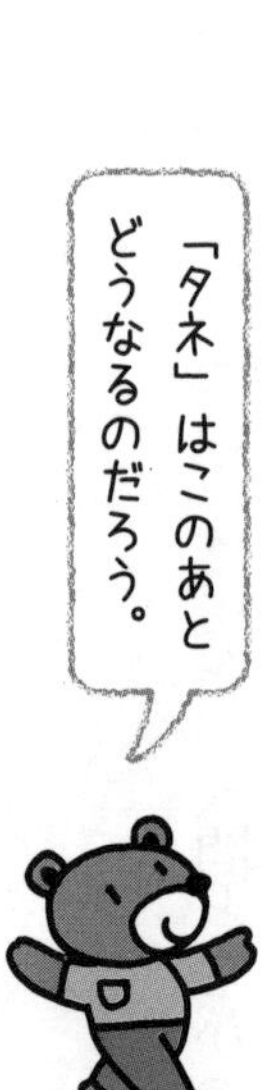

(2) ——②「行き先」とありますが、それは何のことですか。次の□にあてはまる言葉を答えなさい。

・それぞれの「タネ」が、どのような□になるかということ。

（　　　　）

(3) ——③「そんなふうにして」とありますが、どういうことを指していますか。最も適切なものを次から選び、記号で答えなさい。

暗い川や
山をいくつも越《こ》えて
ころんだり
おぼれそうになったりしながら
やっと
まばゆい光の中へ出る
世界中でたったひとつだけのものとして

もう忘《わす》れたかもしれないけれど
君も
③そんなふうにして
ここへやってきたんだよ
ここで君にしかできない仕事をするために

この世の
どんなものもみんな
何かの役に立っている

④生まれてきたのは
決して偶然《ぐうぜん》なことじゃない

ア　神さまに守られてきたこと。
イ　仲間とともに旅をしてきたこと。
ウ　いろんな人に助けられてきたこと。
エ　数々の困難《こんなん》を乗り越《こ》えてきたこと。

（　　）

(4) ――④「生まれてきた」とありますが、この世に生まれることを別の言葉で表現している部分を、詩の中から一行でぬき出しなさい。

（　　　　　　　　）

(5) この詩の主題を、詩の中の言葉を使って四十字以内で答えなさい。

ヒント　後半の四つの連に注目して、作者が「生命」をどのようなものとしてとらえているかを読み取ろう。

短歌・俳句《はいく》を読む (1)

↓解答は78ページ

月　日

1 次の短歌と俳句《はいく》を読んで、あとの問いに答えなさい。

A　たんぽぽの穂《ほ》が守りゐ《い》る空間の
張りつめたるを吹《ふ》き崩《くず》しけり
栗木京子《くりききょうこ》

B　向日葵《ひまわり》は①金の油を身にあびて
ゆらりと高し日のちひ《い》ささよ
前田夕暮《まえだゆうぐれ》

C　②金色《こんじき》のちひ《い》さき鳥のかたちして
銀杏《いちょう》ちるなり夕日の岡《おか》に
与謝野晶子《よさのあきこ》

D　街をゆき子供《こども》の傍《そば》を通る時
蜜柑《みかん》の香《か》せり冬がまた来る
木下利玄《きのしたりげん》

E　今日までに私《わたし》がついた嘘《うそ》なんて
どうでもいいよというような海
俵《たわら》　万智《まち》

(1) Aの短歌で、作者は何をしたのですか。「たんぽぽ」という言葉を使って答えなさい。

（　　　　）

ヒント 「吹き崩しけり」に注目しよう。

(2) ――①「金の油」、②「金色のちひさき鳥」とは、何をたとえたものですか。それぞれ答えなさい。

①（　　　　）　②（　　　　）

ヒント 短歌全体から情景をとらえよう。

(3) F～Jの俳句から季語をぬき出し、季節を答えなさい。

F　季語（　　　　）　季節（　　）
G　季語（　　　　）　季節（　　）
H　季語（　　　　）　季節（　　）
I　季語（　　　　）　季節（　　）
J　季語（　　　　）　季節（　　）

F　校塔《こうとう》に鳩《はと》多き日や卒業す　中村草田男《なかむらくさたお》

G　ピストルがプールの硬《かた》き面《も》にひびき　山口誓子《やまぐちせいし》

H　をり（お）とりてはらりとおもきすすきかな　飯田蛇笏《いいだだこつ》

I　凩《こがらし》や海に夕日を吹《ふ》き落《おと》す　夏目漱石《なつめそうせき》

J　斧《おの》入れて③香《か》におどろくや冬こだち　与謝蕪村《よさぶそん》

(4)　――③「香におどろくや」とありますが、この「香」とは、どんなときに生じた、何の香りですか。二十字以内で答えなさい。

(5)　次の文は、どの短歌・俳句について述べたものですか。最も適切なものを選び、記号で答えなさい。

①　いかにも軽そうな植物を手にとったとき、わずかな重みを確かに感じている。（　）

②　夏を象徴《しょうちょう》する大きな花の姿《すがた》に、太陽さえ小さく感じている。（　）

③　人間の弱さをすべて包みこんでくれるような、自然の雄大《ゆうだい》さを実感している。（　）

④　寒風の激《はげ》しさを、現実にはあり得ない光景によってユーモラスによんでいる。（　）

⑤　街の中のふとした出来事に、冬の訪《おとず》れを実感している。（　）

28日

短歌・俳句《はいく》を読む (2)

↓解答は78ページ

月　日

1 **次の短歌・俳句《はいく》と、それぞれの鑑賞《かんしょう》文を読んで、あとの問いに答えなさい。**

A　真砂《まさご》なす①数なき星の其中《そのなか》に
　　吾《われ》に向《むか》ひ《(い)》て光る星あり
　　　　　　　　　　　　正岡子規《まさおかしき》

「真砂なす」は、砂浜《すなはま》の砂のようにという意味で、夜空の星が数えきれないほど光っている様子を表します。このとき、子規は病気で何年もねこんでいました。そんなときにふと夜空の星を見ると、その星の中に、自分に向かって光る星があるように思いました。どんなときでも、そうやって②自分を見守ってくれる人がいる、そう思ったのでしょう。

B　まばらなる冬木林に③かんかんと
　　響《ひび》かんとする青空のいろ
　　　　　　　　　　　　島木赤彦《しまきあかひこ》

「まばらなる」は、葉をすっかり落として枝ばかりになった林の様子を表しています。その枝の間に、青空が見えて

(1) Aの短歌について、次の問いに答えなさい。

① ――①「数なき星」とありますが、どういう意味ですか。鑑賞文中の言葉を使って答えなさい。

（　　　　　　　　　　）

② ――②「自分を見守ってくれる人」とありますが、短歌の中ではこれを何にたとえていますか。短歌中からぬき出しなさい。

（　　　　　　　　　　）

(2) Bの短歌について、次の問いに答えなさい。

・――③「かんかんと」とありますが、何のどのような様子を表しているのですか。十五字以内で答えなさい。

ヒント 作者は、何が「かんかんと」響くように感じたのだろう。鑑賞文を参考にしてとらえよう。

います。作者はそのすみきった感じが「かんかんと」響くようだと感じたのです。空の様子を擬音語《ぎおん》で表したところに特徴《とくちょう》があります。

C　うすうすと窓《まど》に日のさす五月哉《さつきかな》　正岡子規

旧暦《きゅうれき》の五月は梅雨《つゆ》の季節です。雨の日や、ぐずついた天気の日が続きます。そんな中、雲の切れ間から薄日《うすび》が差し、窓がうっすらと明るくなりました。「うすうすと」とあるように、わずかに明るくなっただけですが、梅雨時のつかの間の明るさをうれしく思う気持ちが感じられます。

D　初時雨《はつしぐれ》猿《さる》も小蓑《こみの》をほしげなり　松尾芭蕉《まつおばしょう》

「時雨」は、④のはじめのころ、風が強まるとともに急に降《ふ》ってはやみ、すぐに通り過ぎる雨のこと。「初時雨」はその④最初の時雨で、④の到来《とうらい》を告げるものです。急に冷たい雨に降られ、あわてて蓑(かたにかける雨具)を用意したところ、ふと見ると、猿も自分と同じように時雨にぬれていて、⑤しているように見えたのです。

(3) Cの俳句から季語をぬき出し、その季節を答えなさい。

季語（　　　）季節（　　　）

(4) Dの俳句について、次の問に答えなさい。

① ④に共通してあてはまる言葉を、漢字一字で答えなさい。

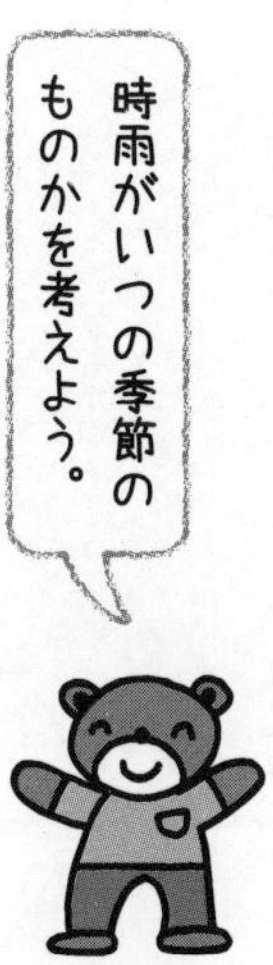

② ⑤にあてはまる言葉を十字以内で答えなさい。

ヒント　俳句の後半に注目しよう。

(5) A～Dの短歌・俳句のうち、名前を表す言葉でおわっているものを一つ選び、記号で答えなさい。（　　）

古典を読む

↓解答は79ページ

月／日

1 次の文章を読んで、あとの問いに答えなさい。

（古文）

八《や》つになりし年、父に問ひ《(い)》て言は《(わ)》く、「仏はいかなるものにかさ《(そ)》うらふ《(ろう)》らん」と言ふ《(う)》。父が言は《(わ)》く、「仏には、人の成りたるなり」と。また問ふ《(う)》、「人は何として仏には成りさ《(そ)》うらふ《(ろう)》やらん」と。父また、「仏の教へ《(え)》により て成るなり」と答ふ《(う)》。また問ふ《(う)》、「教へ《(え)》さ《(そ)》うらひ《(い)》ける仏をば、何が教へ《(え)》さ《(そ)》うらひ《(い)》ける」と。また答ふ《(う)》、「それもまた、先の仏の教へ《(え)》によりて成りたまふ《(もう)》なり」と。また問ふ《(う)》、「その教へ《(え)》はじめさ《(そ)》うらひ《(い)》ける、第一の仏は、いかなる仏にかさ《(そ)》うらひ《(い)》ける」と言ふ《(う)》時、父、「空よりや降《ふ》りけん。土よりやわきけん」と言ひ《(い)》て笑ふ《(う)》。「問ひ《(い)》つめられて、え答へ《(え)》ずなり侍《はんべ》りつ」と、諸人《しょにん》に語りて興じき。

（「徒然草《つれづれぐさ》」）

(1) 筆者が父に最初にたずねたのは、どういうことでしたか。また、父は筆者に何と答えましたか。次の［あ］・［い］にあてはまる言葉を、現代語訳中からそれぞれぬき出しなさい。

・筆者は父に「［あ］。」とたずね、父は筆者に「［い］。」と答えた。

あ（　　　　）

い（　　　　）

(2) 父は、人は何によって仏になると言いましたか。現代語訳中から四字でぬき出しなさい。

［　　　　］

ヒント 筆者が、人はどのようにして仏になるのかをたずねた部分をおさえ、それに対する父の答えをとらえよう。

(3) 筆者が最後にたずねたのは、どういうことでしたか。次の［　］にあてはまる言葉を、現代語訳中から四字でぬき出しなさい。

〈現代語訳《やく》〉

（筆者が）八歳《さい》になった年に、父に「仏とはどのようなものでしょうか」とたずねた。父は、「仏には、人がなっているのだ」と言った。（筆者が）また、「人はどのようにして仏におなりになるのでしょうか」とたずねた。父はまた、「仏の教えによってなるのだ」と答えた。（筆者が）また、「（人に）教えなさった仏には、何が教えなさったのでしょうか」とたずねた。（父は）また、「それもまた、先の仏の教えによっておなりになったのだ」と答えた。（筆者が）また、「その教えはじめなさった、最初の仏は、どのような仏なのでしょうか」と言ったとき、父は、「空から降ったのだろうか。土からわいたのだろうか」と言って笑った。（父は）「問いつめられて、答えられなくなりました」と、いろいろな人に語っておもしろがった。

・□は、どのような仏なのかということ。

(4) ――「空よりや降りけん。土よりやわきけん」とありますが、父がこのように言ったのはなぜですか。二十字以内で答えなさい。

(5) この文章に書かれていることの説明として最も適切なものを次から選び、記号で答えなさい。

ア　子どものころの筆者が、仏のはじまりについてしつこく質問したので、父はついに腹を立てたということ。

イ　子どものころの筆者が、仏のはじまりについて徹底《てってい》的に質問したことを、父はおもしろがったということ。

ウ　子どものころの筆者が、仏のはじまりについてなかなか理解しなかったので、父はいらだったということ。

エ　子どものころの筆者が、仏のはじまりについてすぐに納《なっ》得《とく》して理解したので、父は感心したということ。

（　　）

ヒント　最後の一文に注目しよう。

月　日

時間 20分【はやい15分・おそい25分】
合格 80点
得点　　点

1 次の文章を読んで、あとの問いに答えなさい。

私《わたし》の詩友・川崎洋《かわさきひろし》さんの作品①「夜」の中に次のフレーズがあります。「夜」は六十行近い長さの作品ですが、その中の一連です。

恐竜《きょうりゅう》の肋骨《ろっこつ》の一本一本に区切られる星の無数
何処《どこ》かひどく関係のない遠くで
橙色《だいだいいろ》の月めがけて
②すぽんと海を脱《ぬ》ぐ魚

（詩集『川崎洋詩集』）

この中の〈すぽんと海を脱ぐ魚〉という表現が、私はたまらなく好きです。これは、海中の魚が海面上に躍《おど》り出た様子ですが、〈魚が海面に躍り出た〉という普通《ふつう》の表現では太刀《たち》打ちできない生動感を持っています。

〈海を脱ぐ〉と表現されているので、ふだん、魚が素肌《すはだ》で巨大《きょだい》な海を着込《きこ》んでいることもあらためて私たちに感じられ、全身を*撓《たわ》めて海を脱ぐときの、魚の胴《どう》のしなやかなひねりとその力強さまでが伝わってきます。

↓解答は79ページ

(1) ――①「『夜』」について、ここで紹介《しょうかい》されている四行にえがかれている情景はどのようなものですか。次の□にあてはまる言葉を漢字一字で答えなさい。（10点）

・夜の□と海。

（　　）

(2) ――②「すぽんと海を脱ぐ魚」とありますが、この表現から何が伝わると、筆者は述べていますか。次のあ～うにあてはまる言葉を、文中からそれぞれぬき出しなさい。（10点×3―30点）

・魚がふだん あ こと。
・魚が海を脱ぐときの い 。
・魚のピチピチした う 。

あ（　　）
い（　　）
う（　　）

魚が海面上に跳《と》び出たということを単に伝達したいだけならば、〈水中から海面上に魚が跳び出た〉と書いて充分《じゅうぶん》なわけです。しかしそういう表現では〈海を脱ぐ〉という表現から感じられるような、魚のピチピチした躍動《やくどう》感と生きのよさが捕《とら》えられません。ここが詩の表現と普通の文章との決定的な違《ちが》いだということを知ってほしいのです。

要するに意味がわかりゃあいいんだろ、では、詩の表現の魅力《みりょく》に近づくことができません。詩歌《しいか》の表現では、そこに「何が」書いてあるかだけでなく、「何が」「どのように」書いてあるかの二つで魅力が量られるのです。「何が」ももちろん大事ですが、それが「どのように」書かれているかによって、③「何が」の印象も変わってきます。〈すぽんと海を脱ぐ魚〉という表現は、そのことを鮮《あざ》やかにわからせてくれるのではないかと思います。このように私たちも、常識を脱ぐことができたらいいな、と思わせる表現でもあります。

（吉野《よしの》　弘《ひろし》「詩の楽しみ」）

＊撓めて＝弓なりに曲げて。

(3) 筆者は、詩の表現は、普通の文章とどのようなところが違うと述べていますか。最も適切なものを次から選び、記号で答えなさい。(20点)

ア そこに「何が」書いてあるのかが、何よりも大事になるところ。

イ 意味がわかりさえすれば、どのような表現でもかまわないところ。

ウ 「何が」「どのように」書いてあるのかによって魅力が量られるところ。

エ 「何が」書いてあるのかより、「どのように」書いてあるのかが大事なところ。

（　　）

(4) ――③「『何が』の印象も変わってきます」とありますが、〈すぽんと海を脱ぐ魚〉という表現で、印象が変わるものは何ですか。(20点)

（　　）

(5) 川崎洋さんの詩から、筆者はどういう思いをいだいていますか。次の□にあてはまる言葉を答えなさい。(20点)

・常識に□したいという思い。

（　　）

進級テスト

⬇解答は80ページ

月　日

時間 25分〔はやい20分・おそい30分〕　合格 80点

得点　　点

① 次の文章を読んで、あとの問いに答えなさい。

[1] いくつか種類の違《ちが》う意見に目を通し、最終的には自分で考え、「私《わたし》はこう思う」と決める。これが大切です。その「違う意見」は、「異論《いろん》」「反論」と呼《よ》ばれることもあります。

[2] 幸いなことに、私の子ども時代とは違い、いまはインターネットが発達しています。異論、反論を探《さが》すのも、昔よりずっとラクになっているはずです。

[3] その場合、探すコツは「誰《だれ》が言っているか」にまどわされないこと。大臣や大学教授だから正しい意見、いい意見ということはありません。それよりも大切なのは、しっかりした理由や根拠《こんきょ》が記されているか、ということです。

[4] たとえば先ほどの「プリンセス映画《えいが》」でもただ「かわいい」「おかしい」ではなくて、「登場人物たちのファッションが最先端《さいせんたん》なのでこの映画はすばらしい」「女性も自分の意見をはっきり言おう、という運動は1960年代のアメリカで盛《さか》んになったが、この映画はその正反対の内容だ」というように、理由や根拠がしっかり述べられている意見を探すのです。

(1) [1]段落《だんらく》の要点を次のようにまとめました。[あ]・[い]にあてはまる言葉を、文中からそれぞれぬき出しなさい。（5点×2—10点）

・[あ]意見にいくつか目を通し、最終的には[い]で決めるということが大切だ。

あ（　　　　）　い（　　　　）

(2) 筆者は、自身の子ども時代と比べて、現代はどうなっていると考えていますか。三十字以上四十字以内で答えなさい。（15点）

(3) [4]段落の役割《やくわり》の説明として最も適切なものを次から選び、記号で答えなさい。（10点）

5 [　　]、最終的に「私の意見はこうだ」と決めるのは、あなた自身です。「どうして？」ときかれたときに、「あの本にあったから」「親が教えてくれたから」ではなくて、「こういう理由で私はこう思うのです」ときちんと自分の言葉で説明できるようにしておくこと。

6 このように「いつも種類の違う意見を探しながら自分で決める」「意見の理由や根拠を大切にする」という姿勢《しせい》が身につけば、万が一、世の中で「もう平和はムリ！　戦争しかない」といった声が大きくなったときでも、「ちょっと待って。それ本当？」と必ず冷静に考えることができると思うのです。

7 もちろん、こういう私の意見だって、必ずしも正しいかどうかはわかりませんよ。「え、ちょっと違うんじゃないかな」と思う人がいてもいいのです。そうやって疑《うたが》いを持ったら、ぜひ「この人と違う意見を言っている人はどこかにいないかな」と異論、反論を探してみてください。

8 誰かに言われたことをそのまま信じない。たとえ偉《えら》い人、力を持っている人の言葉でも、「おかしいな」と思ったら疑ってみる。私がおすすめしたいのは、この態度です。

（香山《かやま》リカ「人の意見を信じる前に、反対の意見を探してみよう」『世界を平和にするためのささやかな提案』所収）

ア 3段落の内容の根拠を示している。
イ 3段落の内容の具体例を挙げている。
ウ 3段落の内容に対する反論を予想している。
エ 3段落の内容を根拠として考えを述べている。

（　　）

(4) [　　]にあてはまる言葉として最も適切なものを次から選び、記号で答えなさい。（10点）

ア そして　イ そのため
ウ つまり　エ なぜなら

（　　）

(5) この文章で筆者が述べていることを次のようにまとめました。[あ]～[う]にあてはまる言葉を、文中からそれぞれぬき出しなさい。（5点×3—15点）

・他人の意見にまずは[あ]を持ち、異論や反論を探しながら意見を決め、その[い]姿勢を身につければ、世の中の声に対して[う]に考えることができる。

あ（　　）
い（　　）
う（　　）

2 次の詩を読んで、あとの問いに答えなさい。

レモン
高木《たかぎ》あきこ

いつごろからだろう
なかよしをひやかされて……

すきなのに　しらん顔
はずかしいから　つんとしてる
レモンのように
かたいよろいで気持ちをつつみこんで
おたがいに　そっぽ向いて無関心なふり

ほんとうは
たくさんのことを語りあいたいのに……
なぜか　きょうも
ねじれた言葉のナイフを突《つ》きさしあってしまった
ふきだす思いはすっぱい涙《なみだ》のしぶき
心をぬらして
小さい虹《にじ》をつくるよ

(1) この詩で、「レモン」は、どういう様子をたとえていますか。次の□にあてはまる言葉を十五字以内で答えなさい。(20点)

・二人が□様子。

(2) 作者は、相手に対してどうしたいと思っていますか。それが表れている言葉を詩の中からぬき出しなさい。(10点)

（　　　　）

(3) この詩の主題として最も適切なものを次から選び、記号で答えなさい。(10点)

ア　すきな人に思いを打ち明けたときの緊張《きんちょう》。
イ　すきな人に思いを伝えても届《とど》かないもどかしさ。
ウ　本心とは裏腹《うらはら》に、すきな人と傷《きず》つけ合う悲しみ。
エ　苦難《くなん》の末、すきな人とやっと心が通じ合った喜び。

（　　　　）

解答

読解力2級

●1日 2・3ページ

1 (1)七十五
(2)イ
(3)(例)他人に見つからないようにこっそり行う。
(4)能動的
(5)ア
(6)エ
(7)他人

考え方

1 (1)世間の噂は長く続かず、しばらくすれば忘《わす》れられてしまうという意味のことわざです。
(2)「人目がうるさい」は、「人に見られてあれこれ言われるのがわずらわしい」という意味。
(4)「受動的」は、受け身である様子を表す言葉です。対義語は「能動的」で、自分から働きかける様子を表します。
(5)「因果応報」は、仏教の言葉です。「善《よ》い行いをすればよい結果が、悪い行いをすれば悪い結果がもたらされること」という意味です。
(6)「他山の石」は、「他人のよくない発言や行為《こうい》でも、自分の人格をつくるための教訓にすることができること」という意味です。
(7)最初の一文に、「自分を取り巻く生活圏の周囲の人々を、『世間』とか『世間様』、あるいは単に『人』と呼んで、他人の意味に使用する」とあります。この意味で使われる「人」がつく言葉を、例として挙げています。

> **チェックポイント　言葉の意味**
> 意味がいろいろある言葉は、実際に言葉が用いられている文章中での意味を正確にとらえるようにします。

●2日 4・5ページ

1 (1)あ人口　い土地
(2)森と草地が～に近い台地
(3)ウ
(4)(イラクの北部で、)チグリス河とエウフラテス河の上流地帯
(5)イ
(6)(例)手軽に薪をとれる点。
(7)ア

考え方

1 (1)「そのころ」とは、文章の最初の「一番古い時代」のことです。
(2)――②の直前に「そういう」とあることに着目しましょう。「そういう」は、前の段落《だんらく》の最後に書かれている、「最も良い土地」を指しています。
(3)草地なら太陽の光を浴びて農業ができ、そのうえ、草原には野生のムギ類が生えており、「それを栽培した」、それで十分食糧を得たという文脈になります。
(4)「彼ら」とは、第二段落の最初の「人類のあるグループ」のことです。
(5)④の前後は、草地では十分に食糧を得たと思われるが、薪は得られないという文脈です。⑥の前後は、生きるには水が必要だが、大きな河のほとりでは洪水のおそれがあるという文脈です。どちらも逆接になっています。
(6)どういう点で「暮らしやすいところ」だと述べているのかを考えます。
(7)⑦の前では赤道の空気の流れが、あとでは北極地帯の空気の流れが挙げられ、この二つを比べています。

> **チェックポイント　指示語と接続語**
> 指示語が指す内容が見つかったら、指示語と置きかえて意味が通じるかどうかを確かめること。また、接続語の問題は、前後の内容を読み取ってそのつながりをとらえ、適切な接続語を選ぶようにします。

● 3日 6・7ページ

❶ (1)べつにはっ〜愉快になる
(2)イ
(3)エ
(4)必然
(5)夢を見た
(6)(例)日本人の身体に棲み、さまざまな働きをしているが、人間の力では統御できないもの。(三十九字)

考え方

❶ (1)「そんな」は、前の文の「べつにはっきりとした理由があるわけではないのだが、何となく不愉快になる」を指しています。この部分は、さらに前の文にある「虫が好かない」という言葉の意味の説明にもなっています。

(3) ③ をふくむ文の内容と、前の部分の内容を読み取って、どういうつながりになっているのかをとらえましょう。 ③ の前では、「人間の意識には限界があり、人間の認識能力は限られている」と述べられています。一方、 ③ のあとには、「時として、自分にもわからぬ不思議な直観力が働く場合がある」と述べられて、相反する内容が続いているので、逆接の接続語があてはまります。

(5)「虫の知らせ」とは、何となく、何かが起こりそうな予感がすることです。最後から二つ目の段落の最後に「昨夜の夢こそ、『虫の知らせ』ではなかったか！」とあることに着目しましょう。「昨夜の夢」とは、第三段落にあるように、「学校を出てから何十年も会わない友人の夢」のことです。

(6)この文章では、「虫が好かない」「虫ずが走る」「虫の知らせ」という慣用句を取り上げています。そして、こうした慣用句に登場する「虫」について、最後の段落で、「このように、日本人の身体のどこかに虫が棲んでいて、さまざまな働きをしているのであるが、その虫は人間の力ではどうにも統御できない」と述べています。

チェックポイント　慣用句

二つ以上の言葉が結びついて、特別な意味を表すものを慣用句といいます。「虫」のほかには、「顔から火が出る」「手を貸す」「胸《むね》がおどる」など体の部分を使った慣用句が多くあります。

● 4日 8・9ページ

1 (1)ア
(2)Ⓐ早く会うために帰ってきてくれた
Ⓘ(例)うれしく
Ⓤ(例)がっかり
(3)Ⓐ(例)三上くんに約束を忘れられた
Ⓘ(例)しょんぼりしていた

考え方

1 (1)ここでの「写真」は、仲良しの友だちみんなで撮り、引っ越す三上くんにプレゼントしたものです。「三上くんはそのプレゼントをすごく喜んでくれて、『部屋に飾っとくから』と言った」のに、飾っていなかったのです。それを「何度」も「見回して」確かめているのは、三上くんに自分たちの写真を飾っていてほしかったからです。つまり、少年は、自分たちと撮った写真が飾られていないことにショックを受けたのです。だから、そのショックから立ち直るために、「最初から探さなかった」ことにしようとしているのです。

(2)三上くんが帰ってきた場面の「一瞬ふわっとゆるんだ少年の頬は、……しぼんだ」という表現に着目しましょう。頬が「ふわっとゆるんだ」というのは、その前にあるように、「早く会うために帰ってきてくれた、のだろうか」と思って喜んだことを表しています。それが「しぼんだ」ということは、反対に、がっかりしたことを表しています。がっかりした理由は、直後のやり取りからわかるように、三上くんが急いで帰ってきたのが、すぐに試合に出かけるためだったということがわかったからです。

(3)「うつむく」のは、しょんぼりしているからで、その角度が深いということは、よりしょんぼりしているということです。三上くんは「あっ、という顔になった」などの表現からわかるように、少年と遊ぶ約束をすっかり忘れていました。飾られていない写真のこともあり、少年の気持ちはますますしずんでいったのです。

チェックポイント　心情の読み取り

「うれしい」「悲しい」「喜ぶ」「おどろく」などの気持ちを表す言葉、「頬がゆるむ」「なみだをこぼす」などの表情のほか、「うつむく」「とびはねる」などの動作からも心情を読み取ることができます。

●5日　10・11ページ

1　(1)エ

(2)あ あきれかえった

い いうのが早すぎた

(3)(例)なんとなくふっきれた気がして、やってみようかという決心がかたまってきた。(三十六字)

(4)あ(例)ふつう　い(例)(なんとなく)いや

考え方

1　(1)このあと、太が「ヤッチン、まだはっきり決まったわけじゃないだろ」といい、「あわてて口をおさえにかかろうとした」ことから読み取りましょう。

(2)このあとのクラスのみんなの様子と、ヤッチンが太にいった言葉をおさえましょう。太が遠泳に出るという意味のことを、ヤッチンがいうと、クラスのみんなは「おどろきの声をあげ」、「あきれかえった顔」をしました。「遠泳に参加することになっている三人」が「完全にばかにしていた」ことからわかるように、みんなは、太には遠泳は無理だと思っているのです。これは、ヤッチンには意外な反応であり、結果として太にいやな思いをさせてしまったと思い、「ごめん。いうのが早すぎたみたいだね」とあやまっているのです。

(3)ヤッチンにあやまられた太は「まいったな。これで、ほんとに遠泳に出なきゃいけなくなっただろ」と、困《こま》ったようなことをいっています。しかし、心の中ではちがうことを思っていたことに注意しましょう。直後に「太はそういいながら、心では、なんとなくふっきれた気がしていた。やってみようか、と昨日以上に決心がかたまってきた」とあります。参加の意志をみんなに知られたことで、もうやるしかないと思えてきたのです。

(4)最後の段落《だんらく》に、太の思いが書かれています。「なにもかもふつうの少年だと自分で思っていた。……それがなんとなくいやだった」という部分に注目しましょう。遠泳に参加することは、「なにもかもふつう」の自分を打ち破るチャンスだと思えたのです。

チェックポイント　心情の移り変わり

物語では、登場人物の心情の変化を読み取ることが大切です。きっかけは何だったのかもおさえます。

●6日　12・13ページ

1　(1)あ 烈しく雨戸を叩く音

い (例)泥棒が来た(五字)

(2)ウ

(3)(例)父さんの横にそっともぐりこんで寝たことが照れくさかったから。

(4)(例)安心してよく寝られる

考え方

1　(1)前の部分にえがかれている出来事をとらえましょう。「烈しく雨戸を叩く音」で目が覚めたハアちゃんは、「泥棒が何かで雨戸を叩き割ろうとしている」と思い、怖くなったのです。

(2)ハアちゃんは、「烈しく雨戸を叩く音」を「泥棒が何かで雨戸を叩き割ろうとしている」音だと思いましたが、マト兄ちゃんに「泥棒は雨戸を叩き割ったりせんと、上手にこそっと入ってくる」と聞いて安心しました。しかし、何も音がしないと「『泥棒はこそっと入る』というマト兄ちゃんの言葉を思い出し」、泥棒が入ってきているような気がして怖くなったのです。

(3)「バツが悪い」とは、「きまりが悪い。気恥《きは》ずかしい」ということです。ハァちゃんは上の階で兄たちと寝ていたのに、怖くてたまらなくなり、お父さんとお母さんの寝室に入りました。そこで、お父さんの腕を握りしめて寝てしまった自分の振《ふ》る舞《ま》いが幼《おさな》い子どものようで、「バツが悪い」と思ったのです。

(4)ハァちゃんがお父さんの横にもぐりこんだ場面の「それ(=お父さんの腕)を握りしめると、まるで何にでも勝つ魔法の棒でも手にしたように、すっかり安心」という表現に着目しましょう。

チェックポイント　場面の読み取り
登場人物の行動や心情の原因・理由を読み取るためには、登場人物の関係や、場所・時間などの背景《はいけい》、会話などから場面を正しく読み取ることが大切です。

●7日 14・15ページ

❶ (1)裏側を見てみたい
(2)ウ
(3)近い将来、
(4)①いまのままであってほしい
②イ

考え方

❶ (1)ゆっちゃんは「いつか、えぼし岩の裏側を見てみたいと思わない」と言っています。

(2)ゆっちゃんの「いつか、えぼし岩の裏側を見てみたいと思わない」という問いかけに対して、てっちゃんは「ぼくは、いいや」と答えています。その理由を、てっちゃんは具体的に話しませんでした。しかし、ゆっちゃんとの会話のあとの部分に、てっちゃんが思っていたことが書かれています。「えぼし岩はいつも見ている形のままでいい。後ろからも横からも空からも海底からも見たくない」「この形がえぼし岩だから、それでいい」「裏側が、もし醜い形をしていたら、正面の美しさが失われてしまう」といった考えをもっているのです。

(3)「近い将来」「大人になったら」といった言葉に着目しましょう。

(4)てっちゃんの心の中の言葉の、最後の部分に、茅ヶ崎への思いが書かれています。「えぼし岩はいまのままで、この砂丘もこのままで、……いまのままであってほしい」とあります。その理由は、「日出子がこんなときには、なにも変わらずにいてほしい」からです。茅ヶ崎が変わると日出子も変わってしまうように感じているのです。

●8日 16・17ページ

1 (1)洗濯機　冷蔵庫　掃除機(順不同)
(2)イ
(3)①一九一八年
②オランダ
③アメリカ
(4)選挙権(参政権　も可)
(5)3(段落)

考え方

1 (1)「洗濯機」は「洗濯の機械化」とあることからわかります。あとの二つは、四・五行目に「冷蔵庫」、七行目に「掃除機」と名前が挙げられています。

(2)2段落では、1段落で説明した「家庭電化」によって、女性が「社会進出」を果たし、さらに「職業の幅」が増えたことが述べられています。

(3)「婦人参政権の実現」については、3段落に説明されています。どの年代にどの国で実現したのか、正確につかみましょう。

(4)――に続けて、「基本的人権」の確立について述べられていることに着目します。4段落に「女性にはその基本的人権が認められませんでした」とあります。「その基本的人権」とは、前の部分で男性について述べている「(普通)選挙権」のことです。第一次世界大戦後、ようやく女性にも選挙権が認められ、政治に参加できるようになったのです。なお、3段落にある「参政権」を答えてもかまいません。参政権は文字通り政治に参加する権利であり、選挙権や、「選挙に立候補《りっこうほ》できる権利」である被《ひ》選挙権もふくまれています。

(5)この文章は、女性の社会進出を主題としています。1段落と2段落は「家庭電化」、3段落から5段落は政治的な権利（婦人参政権・選挙権）の観点から、女性の社会進出について述べています。3段落のはじめにある「一方」という言葉も手がかりになります。あるできごとについて「別の面からみると」といった意味を表す接続語です。

チェックポイント　段落の役割
説明文や論説《ろんせつ》文では、それぞれの段落の要点をおさえ、文章の中で、どのような役割を果たしているかをとらえます。

●9日　18・19ページ

1 (1)農家や田畑に囲まれた雑木林（のこと）
(2)エ
(3)あ薪や炭　い下草　う燃料
(4)(例)手を入れたほうが豊かになる

考え方

1 (1)最初の段落で『里山』をまず取り上げるべきであろう」と話題を示し、「里山とは、農家や田畑に囲まれた雑木林のことである」と説明しています。

(2)「手入れ」をするとどうなるかは、第二段落に書かれています。「手入れ」というキーワードを念頭に置いて読み、「里山では、木の成長に合わせて手を入れることで、林が本来のそこでの自然林である照葉樹林になってしまうことを防いでいる」「本来なら、シイやカシなどの照葉樹林になるところが、手入れのおかげでこのような生態系が保たれる」という部分に注目しましょう。「このような生態系」とは、前の文の「コナラのように高さが一五メートル程度の高木とエゴノキのような一〇メートル程度の亜高木、さらに、低木、ササなどからなる」という内容を指しています。

(3)「この」は、第三段落全体の内容を指しています。「あるていど成長した木は伐採し、薪や炭にする」「ひこばえが成長するあいだ、……下草が生えてくる。この下草を頻繁に刈って燃料や堆肥に利用する」という部分からぬき出します。

(4)話題として最初に示した「里山」について、「手入れ」という観点から考察し、最後の段落で「里山の雑木林が教えてくれるのは、自然は手を入れたほうが、一面では豊かになるということである」と、考えをまとめています。

チェックポイント　主題の読み取り
主題とは文章のテーマであり、筆者が最も伝えたいことです。話題とまちがえないようにしましょう。話題について、筆者がどう考え、何を伝えようとしているのか読み取ります。

●10日　20・21ページ

1 (1)気候変動が文明を滅ぼした（こと。）
(2)ア
(3)(例)湖の塩の濃度が高くなって魚がすめなくなった。
(4)(例)塩が地表にたまって作物が育たなくなった。（二十字）
(5)人間（の手・の行為）

考え方

1 (1)第二段落の最後に「気候変動が文明を滅ぼした幾多の事例が知られている」とあります。これと対比する形で、「いっぽう」という接続語をはさんで、「人間の行為が環境を破壊した事実も明らかになってきています」と述べています。

(2)直後に「その原因は」とあることに着目しましょう。「この湖に流れこむアムダリア川の流量が急速に減ったから」であり、さらにその原因は、「流域の土地で、綿花をつくるために広大な面積の畑を開き、そこへのかんがいのために水を使ったから」とあります。

(3)第三段落の後半に、「面積が縮小したばかりか」という表現があることに注目しましょう。面積の縮小以外に「湖の塩濃度が高くなって魚もすめなく」なるという問題が起きたと説明しています。

(4)直後の一文に説明されています。「地下にたまっていた塩の成分が吸い上げられ、地表にたまって作物が育たなくなる」という部分をまとめましょう。

(5)アラル海周辺の現象について具体的に述べたうえで、最後の一文で、「砂漠化は、このように、人間の手によって引き起こされかねない現象でもあるのです。」と結論づけています。

チェックポイント　結論をつかむために

説明文や論説文では、まず話題をおさえ、その話題に対する考え、まとめが書かれている段落をとらえます。

● 11日　22・23ページ

1 (1)中東問題
アメリカの大統領選挙（順不同）

(2)エ

(3)Ⓐアメリカの大統領
Ⓘ(アメリカの)日本に対する態度

(4)3・4(段落)

(5)(例)遠い国のできごとがニュースになるのは、暮らしに影響するからである。(三十三字)

考え方

1 (1)直後に「たとえば」とあることに注目しましょう。一つ目の例として「中東問題」が挙げられ、7段落まで中東問題について述べられています。そして、8段落に「アメリカの大統領選挙が日本で大きなニュースになるのもおなじこと」と、二つ目の例として「アメリカの大統領選挙」を挙げています。

(2)「そんな」は、直前の6段落の内容を指しています。

(3)「それ」は、直前の一文の内容を指しています。

(4)3段落の最後が「どうしてでしょう」という問いかけの形になり、続く4段落に「それは、……からなのです」とあることに着目します。

(5)3段落で「日本から遠い国のことで、日本人も関係していない」ことがニュースになるのはなぜかという問いを発し、4段落で「わたしたちの暮らしにも大きな影響がでる可能性があるから」と答えています。これがこの文章の中心となる内容です。それを説明するために、「中東問題」「アメリカの大統領選挙」という具体例を挙げているのです。

チェックポイント　要点をとらえる

説明文や論説《ろんせつ》文の要点をとらえるには、中心的な内容(筆者の考え・結論など)と、それを支える部分(具体例など)を読み分けるようにします。

● 12日　24・25ページ

1 (1)Ⓐ暖かさ　Ⓘ不足　Ⓤ養分

(2)Ⓐ根を張りめぐらせる
Ⓘ(秋に実る垂れ下がるほどの重い)稲穂を支える

(3)イ

(4)エ

(5)(例)イネは、中干しによって、水を求めて根を張りめぐらせる。(二十七字)

考え方

1 (1)1段落に「水の中で育つイネには、主に、三つの恩恵があります」とあることに着目しましょう。その「三つの恩恵」が、「一つ目は、……」「二つ目は、……」「三つ目は、……」という形で、1・2段落に書かれています。

(2)まず、「水が容易に得られる水田では、根を張りめぐらせる必要がありません」とあることをおさえましょう。そして、根を張りめぐらせないとどうなるかを読み取りましょう。続く一文に「強い根を張りめぐらせていないイネは、秋に実る垂れ下がるほどの重い稲穂を支えることはできません」とあります。

(3)2段落の最後の「このように、水の中は、イネにとっては、たいへん恵まれた環境なのです」に注目しましょう。ここまでが、イネが水の中で育つ利点の説明です。続く3段落のはじめに「イネの根は……強く張りめぐらせる力をもっています」とあり、ここから話題が変わっています。

(4) 5段落では、イネの「水がないという……根を張りめぐらせる」性質を取り上げています。その性質が他の植物にもあることを、6段落で「イネに限らず、……水分を探し求めて、植物たちは長い根を伸ばす」と説明しています。

(5)この文章では、イネが「ハングリー精神」を刺激されて、乾燥した土の中で水を求めて、根を伸ばすことが中心に説明されています。「ハングリー精神」を刺激する方法が、田んぼの水を抜く「中干し」なのです。

● 13日 26・27ページ

1 (1)達也さんが自分のかわりをつとめること

(2)ウ

(3)思い出したら、自分がいやな気分になるもの

(4)野球が好きだ

(5)いちばん強いから

(6)(例)自分の本当の気持ちに従って、がんばってほしい(二十二字)

考え方

1 (1)このあとの兄の言葉を聞いて、「おれ」は、「兄ちゃんがいやだったのは、達也さんが自分のかわりをつとめることではなかったのだろうか」と思っています。

(2)――①のあとの兄の言葉から読み取りましょう。兄は「いちばんは、大好きな野球ができなくなるかもしれないってことでした」と話しています。

(3)このあと、「おれ」が兄に「余分なもの?」とたずねていることを手がかりとします。その質問に対して、兄は「思い出したら、自分がいやな気分になるものは、ぜんぶ余分な気持ちだ」と答えています。

(4)兄は「最後にひとつ残ったものがわかった。それがおれの本当の気持ちだった」と言っています。そして、「それはなに?」とたずねる「おれ」に、「野球が好きだ、ということだ」と答えています。

(5)兄の話を聞いた「おれ」は、「姿や形のない気持ちが、どうしたら本当かなんてわかるのだろう」と疑問をいだいています。それに対して兄は、「おれの疑問を見すかすように」、「本当の気持ちはすぐにわかる。いちばん強いからな」と言っています。

(6)最後に兄が「おれ」にかけた言葉に着目しましょう。兄は「それ(=本当の気持ち)に従って、がんばれ」と言っています。この部分を利用して、「それ」の内容を補《おぎな》ってまとめます。

チェックポイント **登場人物の考えをつかむ**
ある出来事について登場人物がどのように考えているか読み取ります。(1)のように、かんちがいや誤解《ごかい》をしていることや、考えが変わることもあります。その時々の考えを正しくつかみましょう。

● 14日 28・29ページ

1 (1)ウ

(2)ア

(3)エ

(4)いいかげんすぎる

(5)(例)怒るというのは、気分がいいのではけっしてないということ。(二十八字)

考え方

1 (1)亀山さんの言葉に対する「ぼく」の反応をおさえましょう。「亀に決めたから!」と言われた「ぼく」は、「……え、亀? 亀だけ?」と言い、「そんな……、と思ったけど、反論のしようがなかった」のです。

(2)「ぼく」が、亀山さんの提案に納得しきれていないことと、直前の「仕方なく」という言葉に注目しましょう。元気なくしょんぼりしている様子という意味の「すごすご」があてはまります。

(3)「あとの二人」の様子をおさえましょう。

「亀山さんが、亀って言ってるけど、それで決まりでいいのかな」とたずねても、何も答えず、何度目かの同じ質問にようやく返ってきたのは、「べつにそんなのなんでもいい」という言葉でした。しかも、二人は「目配せしあって、いやな感じで」笑っていたのです。この無責任な態度に比べると、亀山さんは、「亀に決めたから!」「いいでしょ!」「決まりだから!」と、強引《ごういん》なところはありますが、飼育委員として飼う生き物を決めようという意志があります。だから、「亀山さんのほうがよっぽどましだ」というのです。

(4)二人に背を向けた「ぼく」は、「いいかげんすぎるじゃないか」と思っています。

(5)最後の部分に注目します。「あとの二人」の態度に腹を立てた「ぼく」は、「これが怒るってことだ。気分がいいのではけっしてないことが、はじめてよくわかった」と感じています。

チェックポイント　登場人物の関係をつかむ

家族、友達、クラスメイトなどの客観的にわかる関係性のほかに、それぞれの登場人物がたがいにどう思っているかという心情に関わる関係性も大切です。

● 15日　30・31ページ

1 (1)(例)話をはじめることができなかった(十五字)

(2)エ

(3)イ

(4)(例)何でもよいから、とにかく話せばよかった(十九字)

考え方

1 (1)前の部分から、三人の様子を読み取りましょう。「私たちのあいだには、またしても気まずい沈黙が落ちた。なにをどう切り出したらよいか、三人それぞれに戸惑いがあって」とあることから、沈黙を破るために、話を切り出すことができずにいたことがわかります。

(2)まず、三人が「気まずい沈黙」の中にあり、どうやって話を切り出したらよいかわからずにいたことをおさえましょう。そのうえで「ボールの種類がわからないのでは、キャッチボールをしたらよいのか、パス回しをはじめたらよいのか、その判断ができない」「これってサッカーボールだよ、いいね?」と確認してパスを出しはじめればすむ話なのだけれど、それがうまくできない」という表現を読むと、ボールを投げたりパスしたりすることは、会話をすることを指しているとわかります。しかし、それ以前に、「ボールの種類がわからない」ので、どのようにボールを相手に渡せばよいかがわからないというのです。つまり、どんな種類の話をすればいいかがわからないので、どのように話をはじめればいいかもわからない、ということです。

(3)だれも話をはじめることができないまま、いきなり「いけねえ」と言ってユキヒロが立ち上がり、「独り言のように」言葉を発して、「私」に別れを告げました。それに対して「私」は「あ、うん。あとで……」としか返すことができず、ナオミに至《いた》っては無言で去っていきました。こうしたぎこちないやりとりに合う言葉を選びましょう。

(4)最後の段落《だんらく》に「ボールの種類を気にかけるなんてことはしないで、とにかく放ってしまえばよかったんだ」とあります。「ボールの種類」とは、どんな種類の話をするかということです。つまり、どんな話題でもよいから、とにかく話をすればよかったと反省しているのです。

チェックポイント　たとえに注意

15日の物語では、会話=言葉のやりとりをボールのやりとりにたとえています。このように、ある事がらをそのまま別のものにたとえている場合は、たとえられているのが何かを文脈から読み取るように注意します。

● 16日 32・33ページ

1 (1)約束を破った
(2)エ
(3)黄身（の流れ）
(4)あ(例)お母さんの心配が解り、小学生だけで電車に乗った後ろめたさを感じる（三十二字）
い(例)腹を立てている（七字）

考え方

1 (1)次の段落《だんらく》に「お母さんはただ、……言っただけだが、宇佐子はお母さんに『約束を破ったのはそっちのほうじゃない』と言いたいような気がしていた。お母さんの顔がそういうことを言っているように見えた」とあります。つまり、お母さんが宇佐子には「約束を破った」と言っているように見えたのです。

(2)直前の「食卓には不機嫌という霧が降った」という表現に注目しましょう。宇佐子もお母さんも不機嫌になり、険悪なふんいきになったことを「不機嫌という霧が降った」と表現しています。この「不機嫌という霧」に包まれた食卓とは対照的に、外は夏の陽気にあふれていることを「外は明るい夏だ」と描くことによって、食卓が、外の明るさとは全く異《こと》なる暗いふんいきだったことを強調しています。

(3)最後の段落のはじめに「黄身の流れを見ながら宇佐子は、その粘ついたものが自分の不満の形を自然に描き出しているような気がした」とあります。

(4)最後の段落の「お母さんの心配が解らないわけではない」「そういう（＝小学生だけで電車に乗るのは、とても悪いことではないかという）後ろめたさがあるから、……腹立ちを呼ぶ」という部分に着目し、宇佐子の気持ちをまとめましょう。

● 17日 34・35ページ

1 (1)四季の移り〜豊かだから
(2)・「花曇り」…桜が咲くころの、曇りがちの天気
・「菜種梅雨」…菜の花の咲くころに、しとしとと降る雨
(3)あ恨めしく　い(なかなか)風情のある
(4)まるでそれ
(5)エ
(6)(例)言葉によって、自然の豊かさを、さらに美しいものにしてきた（二十八字）

考え方

1 (1)最初に、「日本語には、天候にかかわる言葉が多い。……というのがその理由だろう」という表現があることに着目しましょう。

(2)「花曇り」については、「たとえば」からはじまる段落《だんらく》に「『花曇り』……桜が咲くころの、曇りがちの天気を表している」とあります。また、「『菜種梅雨』もまた、」からはじまる段落に「菜の花の咲くころに、しとしとと降る雨」とあります。

(3)「花曇り」について述べている部分から、筆者の心情の変化を読み取りましょう。もともとは「（春の）曇り空を恨めしく」思っていたが、「花曇り」という言葉を知って「なんて優しい響きの言葉だろう」と思い、一面に広がる雲が「なかなか風情のあるもの」に見えてきたのです。

(4)「まるで……ように」という、たとえを表す言葉に着目しましょう。雲が、強すぎる日差しから「桜の花びらを守ってくれている」ように、そして、「空に敷きつめられたふかふかの花びら」のように見えたのです。

(5)「青空が大好き」「長雨を快く思っていなかった」という表現から考えましょう。

(6)最初の二つの段落で考えを述べ、その具体例を第三段落の「たとえば、……」以降《いこう》で挙げるという構成になっています。第二段落には、「豊かな日本語によって、私たちは自然のさまざまな表情を教えられることも多い」「言葉によって日本人は、自然の豊かさを、さらに美しいものにしてきたようだ」という、この文章の中心となる考えが書かれています。「花曇り」「菜種梅雨」は、そういった言

葉の具体例として挙げられています。

チェックポイント　筆者のものの見方
随筆を読むときは、筆者のものの見方や考え方をとらえるようにします。感じたこと、考えたことが書かれている部分だけでなく、表現の仕方や言葉づかいにも気をつけて読み取ります。

● 18日　36・37ページ

1
(1)あ火山の噴火などの激しい作用
い長年にわたる水の穏やかな作用の蓄積
(2)ウ
(3)(例)劇的な変化と、日々の穏やかな営みの積み重ねの両方(二十四字)
(4)②ア　③イ
(5)人生も同じ

考え方

1
(1)第一段落に、『『火成論』では、……。一方、『水成論』では、……』という形で説明されています。
(2)第三段落に「今日の私たちは、『火成論』と『水成論』のどちらも正しかったということを知っている」とあります。
(3)まず、「火成論」的な作用＝激しい作用、「水成論」的な作用＝穏やかな働きの積み重ねであることをおさえましょう。そのうえで、前の段落を読み、人生における「劇的な変化」＝「火」、「日々の穏やかな営みの積み重ね」＝「水」であることをとらえましょう。
(4)環境や人間関係が変わることが「火成論」的な作用であり、日々の穏やかな営みの積み重ねが「水成論」的な作用であることから考えましょう。首相や大統領、政権の交代は前者、地道な政策の積み重ねは後者にあたります。
(5)地質学における「火成論」「水成論」について述べた部分と、それを人生や国の在り方にあてはめている部分に分けられます。第四段落の「人生も同じこと」という表現に注目します。ここからが後半です。

チェックポイント　随筆の種類
随筆には、日常の出来事などを話題に筆者の思いや感想などを書く物語に近いものと、学問的な話題で語られる説明文・論説《ろんせつ》文に近いものがあります。どちらの種類かつかんで読みましょう。

● 19日　38・39ページ

1
(1)イ
(2)(例)大きな声をだすと、声が裏返って、すっとんきょうな声になる(二十八字)
(3)エ
(4)(例)声をだしているのが、お母さんとは違っていてほしいという期待。(三十字)
(5)ウ

考え方

1
(1)思いがけない場所で、完全に裏返ったよく知っている声を聞いて、おどろき、混乱《こんらん》している様子を表しています。
(2)「この仕事」とは、お客さんにビールの試飲《しいん》をすすめる仕事です。聡子は、この仕事を、「大きな声をはりあげなきゃならない仕事」ととらえています。「二年生のときのお楽しみ会」の場面にあるように、お母さんは、大きな声をだすと「声が裏返って、すっとんきょうな声」になってしまうのです。
(3)直前に「聡子はあのとき、すごくはずかしかった」とあります。「あのとき」とは、さらに前にあるように、「お母さんが声をだすたびに、教室は笑い声であふれた」ときです。
(4)最初の場面で、お客さんにビールをすすめる声を聞いたとき、聡子は「よく知ってる声だった」「違っていてほしかった」「お母さんが、この仕事を選ぶわけがない」と思っています。この声はお母さんの声だと思いながらも違っていてほしいと、期待しているのです。
(5)お店の中にいる現在の場面に、「二年生のときのお楽しみ会」の回想がはさみこまれています。

● 20日　40・41ページ

1
(1)あ別々　い共感
(2)ウ

(3)百五十人

(4)イ

(5)(例)百人、千人単位の知り合いを作れるようになった(二十二字)

考え方

1 (1)第四段落で、動物の食事の仕方を述べています。そして、次の第五段落で、人間の食事の仕方を述べ、両者を比べています。それぞれの段落の内容をとらえましょう。

(2)――①の直前の内容をおさえましょう。「言葉を使わなくても気持ちが通じあえる仲間、……の規模は、十〜十五人程度」とあります。サッカーチームやラグビーチームの人数は、この規模に合うので、理に適っているというのです。

(3)「これは、……人数と、だいたい同じです。」という文になっていることが手がかりです。前から、「人数」を表す言葉を探《さが》しましょう。

(4)③をふくむ文の内容と、前の部分の内容を読み取って、どういうつながりになっているのかをとらえましょう。前の二つの段落には、共鳴集団の規模は「十〜十五人」程度で、顔と名前が一致するのは「百五十人まで」だとあります。一方、③のあとには、言葉を手に入れた人間が、「百人、千人単位の知り合いを作れるようになった」とあります。共鳴集団の規模も、顔と名前が一致する規模もこえて知り合いを作れるようになったと述べています。前の内容と相反するので、「ところが」があてはまります。

(5)最後の段落のはじめに「言葉という道具を手に入れた人間は、……百人、千人単位の知り合いを作れるようになりました」とあることに着目します。集団が大きくなると、どうしても、個々の関わりが薄くなるのです。

チェックポイント **段落同士のつながり**
説明文や論説文では、段落のはじめの接続語などに着目して、それぞれの段落の関係をおさえます。

● 21日 42・43ページ

1 (1)(例)いなくなりつつある

(2)ウ

(3)(例)メダカは、大量に、長い期間にわたって産卵し、雑食性だから。(二十九字)

(4)水草が生えている自然のままの池や小川

考え方

1 (1)「風前の灯火」とは、「風のふくところにある火」のこと。そこで、今にもほろびそうなことのたとえとして使われます。ここでは、最初に渡辺さんが言っているように、メダカが「いなくなりつつある」ことを指しています。

(2)直前の「オランウータンやゾウなど、大きくて目立つ生き物の絶滅危機の話題なら聞き耳を立てるくせに、もっとも身近な環境に対して鈍感であった」に着目しましょう。「大きくて目立つ動物」の話題にばかり注目し、「身近な環境に対して鈍感であった」ことを「うっかり」していたと表現しています。「当たり前だったもの」とは、身近にいたはずのメダカのことを指しています。

(3)この段落で――③の前に書かれていることが「今のうちに手を打ってやりさえすれば、再び順調に増え続ける可能性が大きい」といえる理由です。「大量に卵を産む」「一定の条件を満たせば、……産卵し続ける」「雑食性(=好き嫌いがない)」というのが、メダカの性質です。

(4)渡辺さんが最後に「要するに……水草が生えている自然のままの池や小川があれば、それでいいんです」と言っています。水草が生えている、自然のままの池や小川は、その直後に書かれているように、メダカにとって最適の環境なのです。

● 22日 44・45ページ

1 (1)7(段落)

(2)(例)トキはなぜ少なくなったのかということ。(十九字)

(3)ウ

(4)営巣する場〜てしまった
(5)4〜7(段落まで)

考え方

1 (1)1段落には、能里が食べた生きものが、農薬に汚染されていたということが書かれています。その背景について、7段落で「一九五〇(昭和二十五)年ごろから、水田や畑に農薬がつかわれるようになり、水田の昆虫やドジョウ、カエルなどが汚染された」と述べています。

(2)3段落で「それ(=約六十〜百羽いたトキ)がどうしてこんなに少なくなってしまったのか」と問いかけています。「どうして……のか」という表現に注目しましょう。

(3)5段落に「大型で白い鳥なので、目だってねらわれやすかった。……人間につぎつぎにとらえられ、羽ぶとん、羽ぼうきの材料にされた」とあります。

(4)段落の最初の一文に「……こともへった原因だった。」とあることに着目しましょう。

(5)3段落で問いかけたあと、4段落で「つよい生命力をもっていない」こと、5段落で「目だってねらわれやすかった」こと、6段落で「山の木がきられて……少なくなってしまったこと」、7段落で「農薬の影響」と、原因を挙げています。

チェックポイント　事実と意見

説明文や論説文では、事実なのか筆者の意見なのかを分けて読み取ることが大切です。そのときには、文末表現に注意して読み分けるとよいです。

● 23日　46・47ページ

1 (1)あテーブルに肘をつく　いテーブルが必要になる
(2)ア
(3)(例)床に直接食器を置いて食べるとき。(十六字)
(4)エ
(5)(例)床の上に腰を下ろして食事の動作をするとしっくりくること。(二十八字)

考え方

1 (1)1段落の要点をおさえましょう。「よく見ているとその姿勢はある原理に支配されていることがわかりました。彼らは、……テーブルに肘をつくということです」とあります。そして、そのため「食事するときは、かならずテーブルが必要になる」のです。

(2)1段落ではフランス人の食事の仕方について述べ、2段落では日本人の食事の仕方について述べ、両者を対比しています。

(3)直前の一文の内容を指しています。

(4)2段落では、日本人は長いあいだテーブルを使わず、床に直接食器を置いたり、食器を載せたお盆を置いたりして食べたということが述べられています。3段落では、そこに「銘々膳」を使ったという例を付け加えています。ただし、それは「当初、身分の高い人だけが使う道具」であり、ここで述べられているのは、あくまで補足的な内容です。

(5)5段落のはじめに「これを床の上に腰を下ろしてやると、じつにしっくりきます」とあることに着目しましょう。「これ」は、4段落にあるように、食器をもったり、箸で料理を取り分けたりという日本人の食事の動作を指しています。つまり、日本人の食事の動作は、本来、床に料理を置いて腰を下ろしたときに適した動作なのです。だから、私たちは床に座る文化をもつといえるのです。

● 24日　48・49ページ

1 (1)あ豊作年　い五年
(2)種子を実ら
(3)ウ
(4)エ
(5)(例)前年の二〇〇〇年に餌のブナの種子が大豊作だったため。
(6)(例)たくさんの種子を作ればそれだけ生き残れる種子の数が増える(二十八字)

考え方

1 (1)直前の一文にある「五年ぐらいの間隔で豊

作年が繰り返される」という内容を指しています。
(2)直前の一文を指しています。豊作年にはたくさんの種子を実らせるために養分をつぎ込んでしまうので、翌年のための養分が残らないのです。
(3)「次の世代を担うため」を「子どもになるため」と言いかえています。
(4)前の一文に注目し、「この栄養分」が「芽を出して自分で光合成を行って成長していくことができるようになるまでの間に、必要な栄養分」であることをとらえましょう。
(5)二〇〇一年の前年の二〇〇〇年に起きたことが原因となっています。
(6)第四段落に「……ので、数年ごとにたくさん実るようになったと考えられる」とあることに着目しましょう。「ので」の前の部分、「たくさんの種子を作ればそれだけ生き残ることができる種子の数が増えます。しかし、毎年たくさんの種子を作るには、それだけ親の木に負担をかけることになります」が、豊作年と凶作年を繰り返す理由です。

チェックポイント　指示語に注意
説明文・論説《ろんせつ》文では指示語が多用されることが多いため、何を指しているのかを正しく理解して文章を読み取ることが大切です。

● 25日　50・51ページ

1 (1)(あ)イ　(い)人　(う)根
(2)・愛…（例）小鳥が飛んできて枝にとまるところ。（十七字）
・正義…（例）地下水を吸いあげて空にかえすところ。（十八字）
(3)（第）五（連）
(4)(あ)黙っている
(い)歩いたり走ったりしない
(う)愛とか正義とかわめかない
(え)大好きだ

考え方

1 (1)この三行は、ふつうの語順なら「木はゆったりと静かな声で囁いているのだ」「木は空にむかって歩いているのだ」「木は地の下へ稲妻のごとく走っているのだ」となるところですが、それぞれ語順を変えて、強調したい語句を最初に出しています。また、木を人に見立てて「囁いている」「歩いている」「走っている」と表現しています。(う)は、「地の下へ」とあることに着目します。木の中で地下にある部分は根です。根が曲がりながら地下にのび広がっている様子を稲妻にたとえているのです。
(2)第三連の「木は／愛そのものだ　それでなかったら小鳥が飛んできて／枝にとまるはずがない」「正義そのものだ　それでなかったら地下水を根から吸いあげて／空にかえすはずがない」という部分をまとめましょう。
(3)「ひとつとして同じ木がない」に注目しましょう。
(4)まず、第一連に「木は……から好きだ」という表現が三つ並《なら》んでいることをおさえましょう。木を「好きだ」とはいっていますが、その理由は「黙っているから」「歩いたり走ったりしないから」「愛とか正義とかわめかないから」とあり、木が好きだというより、人間と比べて「……でない」からいいという、消極的なものになっています。しかし、「ほんとうにそうか」と自問し、第三連で、木は「囁いている」「歩いている」「走っている」「愛そのものだ」「正義そのものだ」と、第一連で述べた消極的な理由を否定しています。そして、最後には、「木／ぼくはきみのことが大好きだ」と、「好き」から「大好き」という強い思いに変わっています。

チェックポイント　強調する表現
語順を逆にすることで、先にした言葉を強調することができます。ほかに、同じ言葉を何度もくり返す表現方法もあります。

● 26日　52・53ページ

1 (1)（例）生命
(2)（例）生き物

(3)エ
(4)まばゆい光の中へ出る
(5)(例)どんな生命も世界中でたったひとつだけのものであり、何かの役に立っている。
(三十六字)

考え方

1 (1)・(2)この「タネ」が「ウマ」「ニンゲン」「ゾウリムシ」などになることをおさえましょう。
(3)前の連の「暗い川や／山をいくつも越えて／ころんだり／おぼれそうになったりしながら」という表現に着目しましょう。
(4)・(5)「まばゆい光の中へ出る／世界中でたったひとつだけのものとして」という表現は、生命がどれもかけがえのないものとしてこの世に生まれてくることを表しています。そして、その生命は「どんなものもみんな／何かの役に立っている」のです。

チェックポイント 詩の読み取り
表現の工夫《くふう》に注意して読み、えがかれていることの中心をおさえ、作者の思いをとらえます。

● 27日 54・55ページ

1 (1)(例)たんぽぽの綿毛を(吹き)飛ばした。
(2)①(例)太陽の光
②(例)銀杏の葉
(3)F季語…卒業　季節…春
G季語…プール　季節…夏
H季語…すすき　季節…秋
I季語…凩　季節…冬
J季語…冬こだち　季節…冬
(4)(例)木に斧を入れたときに生じた木の香り。
(十八字)
(5)①H　②B　③E　④I　⑤D

考え方

1 (1)「たんぽぽの穂が守りゐる空間の張りつめたる」とは、たんぽぽの綿毛が丸くなっていること。それを「吹き崩し」たのです。
(2)①「日」が出ているときに「向日葵」が浴びる「金の油」とは何か考えます。②「金色のちひさき鳥」の形をして「銀杏」の葉が散るのです。
(3)季節感が表れている言葉を探《さが》しましょう。
(4)直前に「斧入れて」とあることに注目しましょう。すっかり葉を落とした冬の木を切ろうと斧を入れたら、新鮮《しんせん》な木の香《かお》りがしておどろいたのです。
(5)①すすきを折って手に取ったときに、「はらりとおもき」と感じています。②「向日葵」と比べて「日のちひささよ」と表現していることに着目しましょう。③「私」の「嘘」を、「海」が「どうでもいいよ」といっているように感じたのです。④強い「凩」が、夕日を海に吹き落とすと表現しています。⑤「蜜柑」の香りに、「冬がまた来る」と感じています。

チェックポイント 短歌の読み取り
作者の感動がどこにあるのかを考えながら読みます。

● 28日 56・57ページ

1 (1)①(例)数えきれないほどの星。
②吾に向ひて光る星
(2)(例)青空のすみきった様子。(十一字)
(3)季語…五月　季節…夏
(4)①冬
②(例)小蓑をほしそうに(八字)
(5)B

考え方

1 (1)①鑑賞文に「夜空の星が数えきれないほど光っている」とあることに着目しましょう。②前の一文に「自分に向かって光る星があるように思いました」とあることが手がかりになります。「自分に向かって光る星」を意味する言葉を短歌から探《さが》しましょう。
(2)鑑賞文に「青空が見えています。作者はそのすみきった感じが『かんかんと』響くようだと感じたのです」とあるので、この部分を利用してまとめましょう。
(3)俳句では一～三月が春、四～六月が夏、七～九月が秋、十～十二月が冬です。「五月」は夏になるので注意しましょう。

(4)①Dの俳句の季語は「初時雨」で、冬の季語です。「初時雨」は、その年の初冬にはじめて降る時雨なので、冬の訪《おとず》れを告げるものになります。②俳句の中の「小蓑をほしげなり」にあたる言葉が入ります。

(5)Bは「いろ」という名前を表す言葉でおわっています。このような表現を「体言止め」といいます。

チェックポイント 俳句の読み取り
季語とその季節をおさえ、どのような季節感が表れているかを考えながら読みます。

● 29日 58・59ページ

1 (1)あ仏とはどのようなものでしょうか
い仏には、人がなっているのだ
(2)仏の教え
(3)最初の仏
(4)(例)問いつめられて、答えられなくなったから。(二十字)
(5)イ

考え方

1 (1)最初の一文に書かれているのが、子どものころの筆者が、父にした質問です。そして、父の答えが次の文に書かれています。

(2)最初の質問に対して、父は「仏には、人がなっているのだ」と答えました。それを聞いた筆者は、「人はどのようにして仏になるのでしょうか」とたずね、父は「仏の教えによってなるのだ」と答えています。

(3)人は仏の教えによって仏になるという父の答えに対して、筆者は「(人に)教えなさった仏には、何が教えなさったのでしょうか」「その教えはじめなさった、最初の仏は、どのような仏なのでしょうか」と、たたみかけるように質問しています。

(4)父のこの言葉は、「その教えはじめなさった、最初の仏は、どのような仏なのでしょうか」という質問に対するものです。このあとの父の言葉にあるように、「問いつめられて、答えられなく」なってごまかしたのです。

(5)最後の一文に『問いつめられて、答えられなくなりました』と、いろいろな人に語っておもしろがった」とあります。わが子のするどい質問に、父はついに答えられなくなってしまいましたが、そのことをおもしろがって、いろいろな人に話したのです。

チェックポイント 古典の読み取り
古典独特の言い回しやかなづかいに注意して、現代語訳に照らし合わせて読み取ります。

● 30日 60・61ページ

1 (1)空
(2)あ素肌で巨大な海を着込んでいる
い(魚の)胴のしなやかなひねりとその力強さ
う躍動感と生きのよさ
(3)ウ
(4)魚
(5)(例)とらわれないように

考え方

1 (1)「星」「月」とあることから夜の空をえがいていることがわかります。

(2)このあとの三つの段落《だんらく》で、この表現について説明しています。「普通の表現では太刀打ちできない生動感」「魚が素肌で巨大な海を着込んでいる……全身を撓めて海を脱ぐときの、魚の胴のしなやかなひねりとその力強さ」「〈海を脱ぐ〉という表現から感じられるような、魚のピチピチした躍動感と生きのよさ」といった部分をおさえましょう。

(3)最後から二つ目の段落で、詩の表現について考えを述べています。「詩歌の表現では、そこに『何が』書いてあるかだけでなく、『何が』『どのように』書いてあるのかの二つで魅力が量られる」とあります。

(4)〈すぽんと海を脱ぐ魚〉という表現では、普通の表現では捕えられない魚の躍動感や生きのよさをわからせてくれるのです。

(5)最後の段落に注目しましょう。「すぽんと海を脱ぐ魚」という表現について、「このように私たちも、常識を脱ぐことができたらいいな、と思わせる表現」だとまとめています。「常識を脱ぐ」とは、常識を捨《す》て去る、常識にとらわれないようにするという意味です。

● 進級テスト 62〜64ページ

❶
(1)㋐種類の違う ㋑自分
(2)(例)インターネットが発達していて、異論、反論を探すのも、ずっとラクになっている。(三十八字)
(3)イ
(4)ア
(5)㋐疑い
㋑意見の理由や根拠を大切にする
㋒冷静

❷
(1)(例)気持ちをださずにかくしている(十四字)
(2)(ほんとうは)たくさんのことを語りあいたい
(3)ウ

考え方

❶
(1)二文目に「これが大切です」とあります。大切な「これ」が、この段落の要点です。「これ」という指示語は、前の文の内容を指しています。
(2)[2]段落に「私の子ども時代とは違い」とあることに注目しましょう。「インターネットが発達」していることが大きな違いであり、そのため、「異論、反論を探す」ことが容易になっていると考えています。
(3)[3]段落の最後の「しっかりした理由や根拠が記されている」ことの例として、映画を評価する意見を挙げています。
(4)[1]段落で述べた「いくつか種類の違う意見に目を通し、最終的には自分で考え、『私はこう思う』と決める」ことについて、[4]段落までは、意見に目を通すところまでを説明しています。そして、次の手順である「自分で考え……決める」ことについて、[5]段落で述べています。したがって、内容を付け加える働きをする「そして」があてはまります。
(5)最後の[8]段落に、筆者が「おすすめしたい」態度が述べられています。また、[6]段落に、それまでに述べられた筆者の考えが再度まとめられています。『いつも種類の違う意見を探しながら自分で決める』『意見の理由や根拠を大切にする』という姿勢が身につけば、……冷静に考えることができる」とあります。

チェックポイント 主張の位置
論説文では、筆者の主張は最後に述べられることが多いのですが、この文章のように筆者の主張が初めと終わりにある場合もあるので、注意します。

❷
(1)第二連に「レモンのように」とあることに着目しましょう。「かたいよろいで気持ちをつつみこんで」いる様子をたとえています。
(2)「〜したい」という表現を探《さが》します。第三連のはじめに「ほんとうは／たくさんのことを語りあいたい」とあります。
(3)本当は「すきなのに」「なかよしをひやかされて」「無関心なふり」をしている二人の関係を歌っています。第三連の「ねじれた言葉のナイフを突きさしあってしまった」は、たがいに相手を言葉で傷《きず》つける様子を表しています。その結果、レモンにたとえられた心からは、悲しい「涙のしぶき」がふきだすのです。